SUKADEV VOLKER BRETZ
mit Ulrike Schöber

Der Pfad zur Gelassenheit

Kraftvolle Werkzeuge aus einer
uralten indischen Weisheitslehre

GOLDMANN

Dieses Buch erschien erstmals 2013 unter dem Titel
»Der Königsweg zur Gelassenheit. Yoga-Philosophie für jeden Tag«
im Kailash Verlag, Verlagsgruppe Random House GmbH, München.

Sollte diese Publikation Links auf Webseiten Dritter enthalten,
so übernehmen wir für deren Inhalte keine Haftung, da wir uns diese
nicht zu eigen machen, sondern lediglich auf deren Stand zum
Zeitpunkt der Erstveröffentlichung verweisen.

Dieses Buch ist auch als E-Book erhältlich.

Verlagsgruppe Random House FSC® N001967

1. Auflage
Vollständige Taschenbuchausgabe April 2018
© 2018 Wilhelm Goldmann Verlag, München,
in der Verlagsgruppe Random House GmbH,
Neumarkter Str. 28, 81673 München
© 2013 Kailash Verlag, München,
Lektorat: Annette Gillich-Beltz
Umschlaggestaltung: UNO Werbeagentur, München
unter Verwendung eines Fotomotivs von
© Martin Harvey / getty images
fm · Herstellung: cb
Satz: Satzwerk Huber, Germering
Druck und Bindung: GGP Media GmbH, Pößneck
Printed in Germany
ISBN 978-3-442-22242-1

www.goldmann-verlag.de

❦ Inhalt ❦

In der Ruhe liegt die Kraft	9
Yoga als Königsweg zur Gelassenheit	9
Was bedeutet Gelassenheit?	10
Die Vielfalt kennenlernen und auf die innere Stimme hören	11

Wie ich meinen ganz persönlichen Königsweg
fand 15

Gelassenheit als Lebensthema.	16
Beschränkung auf Weniges, aber das mit Vehemenz	17
Wenn ich die Welt nicht ändern kann, muss ich mich ändern	19
Meine spirituelle Suche	20
Herrschaft über den Geist.	21
Beim Yoga angekommen.	22
Mittelmäßigkeit statt Erleuchtung	23
Coole Gelassenheit mit Jnana Yoga	24
Instrument Gottes durch Bhakti Yoga.	25
Wie ein Meister Gelassenheit lehrt.	26
Handle ohne Verhaftung	26
Lerne es zu lieben	27
Hänge nicht am Ergebnis deiner Handlungen.	28
Herzensverbindung – das Wunder geschieht.	30

INHALT

Die sechs Wege des Yoga und die Gelassenheit ... 33

Jnana Yoga: Alles ist Bewusstsein 35
   Wer bin ich? Subjekt oder Objekt? 35
   Weniger Identifikation bringt mehr Gelassenheit 38
   Identifikation im zwischenmenschlichen Bereich 38
   Identifikation mit der eigenen Person 46
   Wer bin ich? Das unsterbliche Selbst 53

Karma Yoga: Alles Leben ist Schule 55
   Karma, Schicksal und der Sinn des Lebens 56
   Zeiten der Ungewissheit bewusst leben 61
   Gelassenheit gegenüber Schicksalsschlägen und Leid 62
   Gelassenheit gegenüber eigener Schuld 63
   Umgang mit der Schuld anderer 64

Bhakti Yoga: Alles ist göttlich 65
   Die Welt ist nicht böse 66
   Gott hat Sie gewählt 67

Raja Yoga: Alles ist Geist 69
   Das Raja-Modell des Geistes 70
   Das Königreich der Psyche 75
   Die Grundprinzipien des Königswegs zur
   Gelassenheit 80
   Die inneren Minister im Porträt 82
   Die Ministerkonferenz im Alltag 97
   Alternativen zur Ministerkonferenz 111

Kundalini Yoga: Alles ist Energie 123
   Kundalini Yoga und Gelassenheit 124

Hatha Yoga: Alles ist Bewegung. 126
   Durch Körperarbeit zur Gelassenheit 128

Mehr Gelassenheit durch Akzeptanz des eigenen Temperaments....................... 131

Die drei Doshas im Ayurveda 133
   Pitta – das feurige Temperament 135
   Vata – das luftig-leichte Temperament. 138
   Kapha – das erdverbundene Temperament 145
   Testen Sie Ihr Temperament 151

Praktische Methoden und Techniken für mehr Gelassenheit 159

SOS-Tools für die schnelle Rückkehr zur Gelassenheit .. 161
   Gehen, Laufen, Hüpfen für Gelassenheit 161
   Kavacham. 164
   Gesten zur Herzfeld-Ausdehnung. 166
   Verbindung herstellen mit Mudras 169
   Yoga-Augenübungen. 171
   Blitzentspannung für Gelassenheit. 176
   Kurze Achtsamkeitsmeditationen. 182

INHALT

Yoga-Programm für langfristige Gelassenheit 187
  Mit Asanas Körper und Geist entspannen. 187
  Pranayama – mit Atemübungen zur inneren Ruhe 190
  Tiefenentspannung – nicht nur für besseren Schlaf. 194
  Meditation 198
    Die täglichen zwanzig Minuten 204

Minimax-Gelassenheitstipps für den Alltag 205
  Wartezeiten und Staus sind gewonnene Zeit 206
  Hausarbeit ist Entspannung und Regeneration . . . 207
  Der erste Parkplatz ist der beste 208
  Gut genug ist besser 208
  Die zweitbeste Lösung ist die bessere 209
  Die längste Schlange wählen 210
  Eine vierte Möglichkeit suchen 210
  »Und« statt »aber« 210
  »Sowohl – als auch« statt »entweder – oder« 211
  Bei einer Entscheidung bleiben 212
  Setze deine Stärken ein und handle mit Freude . . . 212
  Fehler machen 213
  Um Entschuldigung bitten 214
  Kritik annehmen 215
  Lob und Entschuldigung annehmen 216

Glossar 219

❧ In der Ruhe liegt die Kraft ❧

Wir leben in einer hektischen Welt, wo ein Termin den anderen jagt. Wir bemühen uns, unsere Aufgaben – sei es im Beruf, in der Familie oder in der Freizeit – gut zu erledigen. Wir haben hohe Ansprüche an uns selbst und an andere Menschen. Wir streben nach Erfolg, Erfüllung und Glück. Alles zusammengenommen ergibt ein großes Pensum an Erwartungen, das uns häufig überfordert. Da ist es kein Wunder, dass wir gelegentlich oder auch öfter unsere Gelassenheit verlieren. Je nach Typ, Lebenssituation oder Aufgabe reagieren wir mit Angst, Nervosität, Aufregung, Niedergeschlagenheit, Trauer, Frust, Wut oder Ärger. Dann fließt unsere Energie, die wir eigentlich für so viel wichtigere Aufgaben gebraucht hätten, in Gefühle, die uns behindern. Und später ärgern wir uns oft noch darüber, dass wir so reagiert haben – eine zusätzliche Energieverschwendung ...

Kein Wunder also, dass sich so viele Menschen nach mehr Gelassenheit in ihrem Alltag sehnen. Denn in der Ruhe liegt die Kraft. Dieses geflügelte Wort des Konfuzius gilt heutzutage in unserer westlichen Leistungsgesellschaft mehr denn je. Doch wie können wir Ruhe und Gelassenheit erreichen?

Yoga als Königsweg zur Gelassenheit

Als Leiter eines großen Yoga-Zentrums werde ich nicht nur immer wieder nach Tipps zu mehr Gelassenheit gefragt, sondern natürlich erwartet man auch von mir Gelassenheit in schwierigen Situationen. Meine eigene Suche nach Gelassenheit, die ich ab Seite 15 kurz schildere, hat mich – über mehrere Stationen – recht bald zum Yoga geführt. Eigentlich ist das naheliegend, denn Yoga heißt Einheit, heißt Harmonie, heißt Verbindung, heißt Geschick im Handeln und heißt – Gelassenheit. Außerdem ist im Yoga die Gelassenheit eine der vier Säulen, die zur Erleuchtung führen. Entsprechend gibt es im Yoga viele Methoden, Techniken und Werkzeuge, um Gelassenheit zu erreichen. Sie führen nicht nur den Yogi auf seinem spirituellen Weg weiter, sondern sie helfen auch Ihnen, wenn Sie sich (noch) nicht mit Yoga auskennen, in Ihrem Alltag die Ruhe und das Bewusstsein für sich selbst zu bewahren. Sie helfen, emotionale Belastungen gelassener zu ertragen und sogar für sich zu nutzen.

Für den Fall, dass Sie bei Yoga zuerst an komplizierte Verrenkungen des Körpers denken: Keine Angst, nicht alle Übungen des Hatha Yoga sind schwierig, und vor allem ist Hatha Yoga nur einer der sechs Yoga-Wege. Die anderen fünf Wege arbeiten mit der Kraft Ihrer Gedanken, Ihrer Vorstellung und Ihres Atems. Schon deshalb ist Yoga der Königsweg zur Gelassenheit: Er bietet eine so große Vielfalt an Möglichkeiten, Gelassenheit zu erreichen, dass für jeden etwas dabei ist – mit Sicherheit auch für Sie.

Was bedeutet Gelassenheit?

Gelassenheit ist allerdings längst nicht gleich Gelassenheit: Es gibt unterschiedliche Ausprägungen, die sich in ihrem Ziel und in ihrer Wirkung auf unser Inneres stark unterscheiden. Streben Sie danach, möglichst immer äußerlich cool und selbstbeherrscht zu bleiben, nichts an Ihr Inneres heranzulassen? Oder wollen Sie Ihrem Herzen, Ihren Sehnsüchten folgen, authentisch sein und trotzdem innere Ruhe bewahren?

Für mich ist diese zweite Form die wahre Gelassenheit, ich nenne sie auch gern engagierte Gelassenheit. Zur engagierten Gelassenheit gehört, dass ich einerseits einen inneren Ort der Ruhe habe und andererseits meine innere Welt mit ihren Höhen und Tiefen, mit ihren Emotionen akzeptiere, dass ich meinen eigenen Charakter, mein Temperament annehme und mich darüber freue, mich freue über diese innere Lebendigkeit und sie zulasse als etwas, das mir hilft.

Sie brauchen also nichts in sich zu bekämpfen, zu verdrängen oder zu bearbeiten. Vielmehr weist Yoga Ihnen den Weg, geschickt damit umzugehen und innerlich ruhig zu bleiben – trotz Ärger oder Frust. Diesen Königsweg zur Gelassenheit zu gehen ist viel einfacher, als sich ständig – und oft vergeblich – um Selbstbeherrschung zu bemühen.

Die Vielfalt kennenlernen und auf die innere Stimme hören

Yoga bietet uns sowohl auf geistig-philosophischer als auch auf psychologischer und praktischer Ebene Anregungen für mehr Gelassenheit im Alltag. Da alle praktischen Übungen zu mehr Gelassenheit ihre Wurzeln im Streben nach spiritueller Reife und letztlich Erleuchtung haben, erläutere ich im ersten, eher theoretischen Teil dieses Buchs zunächst die sechs Wege des Yoga in Bezug auf das Streben nach mehr Gelassenheit. Denn egal ob Jnana Yoga, Raja Yoga, Bhakti Yoga, Karma Yoga, Kundalini oder Hatha Yoga – jede dieser

IN DER RUHE LIEGT DIE KRAFT

Yoga-Richtungen kann in ihrem Rahmen etwas zu unserer Gelassenheit beitragen.

Der Schwerpunkt liegt auf dem Raja Yoga, dem psychologischsten aller Yoga-Wege. Der Raja Yoga ist es auch, der letztlich diesem Buch seinen Namen gegeben hat: »Raja« bedeutet »Herrscher, König«, und »Raja Yoga« wird oft als »königlicher Yoga« bezeichnet. Nicht, weil er nur von Königen oder hochstehenden Würdenträgern ausgeübt werden durfte, sondern weil dieser Yoga-Weg uns lehrt, Herrscher über unseren Geist zu werden.

Damit alles auch für Nicht-Yogis verständlich ist, gebe ich immer wieder plastische Beispiele – oft mit einem Augenzwinkern. Denn eine der besten Methoden, um aus innerer Unausgeglichenheit herauszukommen, ist Humor. Außerdem verzichte ich auf Zitate in Sanskrit und übersetze stattdessen gleich aus den bedeutenden Schriften wie der Bhagavad Gita oder den Schriften des Patanjali. Da es sich beim Yoga um eine sehr alte indische Lehre handelt, sind viele Begrifflichkeiten aus dem Sanskrit wie zum Beispiel das Wort Prana für die Lebensenergie jedoch unverzichtbar. Sie alle werden am Ende des Buchs im Glossar erklärt, so dass Sie jederzeit dort nachschlagen können.

Im Praxisteil ab Seite 159 stelle ich ganz unterschiedliche Übungen dar, die Sie – wenn Sie zu den ganz Eiligen gehören – auch probieren können, ohne den ersten Teil gelesen zu haben: Manche, wie die SOS-Tools, können Sie ohne irgendwelches Vorwissen direkt bei Anspannung, Unruhe oder wann immer Sie aus Ihrer Gelassenheit fallen, anwenden. Andere können regelmäßig geübt und Bestandteil Ihres Lebens werden.

In der Ruhe liegt die Kraft

Dieses Buch bietet für jeden etwas, aber nicht alles passt für jeden. Wenn Sie sich nur zwei oder drei meiner Anregungen zu eigen machen, kann das für Ihr Bemühen um Gelassenheit schon ein großer Schritt nach vorn sein. Und vielleicht folgen später noch weitere Schritte. Seien Sie also neugierig und probieren Sie nicht nur bei Bedarf, sondern auch nach Lust und Laune aus und haben Sie Spaß dabei. Beobachten Sie sich selbst, hören Sie beim Lesen und beim Üben auf Ihre innere Stimme und finden Sie so Ihren ganz eigenen Königsweg zur Gelassenheit.

Ich wünsche Ihnen viel Freude und Erfolg dabei.
Ihr Sukadev Volker Bretz

Wie ich meinen ganz persönlichen Königsweg fand

Als spiritueller Lehrer, als Gründer und Leiter von Yoga Vidya, als jemand, der oft von Suchenden um Rat gefragt wird, bin ich natürlich nicht auf die Welt gekommen. Aber als Pitta-Temperament, also als Hitzkopf, war mir die Gelassenheit nicht in die Wiege gelegt. Im Gegenteil: Gelassenheit ist eines meiner Lebensthemen, und ich arbeite im Grunde seit meiner Kindheit daran. Was ich Ihnen in diesem Buch als Königsweg zur Gelassenheit zeige, habe ich selbst erprobt und weiß, dass es funktioniert. Jeder kann diesen Weg gehen und sehr schnell positive Erfahrungen damit machen, gelassener mit sich selbst und anderen umgehen, dabei Freude spüren und Energie gewinnen, um Gutes zu bewirken.

Wie ich dazu gekommen bin, was ich erlebt habe, durch welche Phasen ich gegangen bin, bis ich den Königsweg fand, werde ich Ihnen in diesem Kapitel erzählen.

⚜ Gelassenheit als Lebensthema ⚜

Jeder Mensch hat ein, zwei oder drei Grundthemen, die in seinem Leben immer wieder hochkommen, mit denen es immer wieder gilt, sich zu beschäftigen und an ihnen zu arbeiten, um daran zu wachsen. Zu meinen Lebensthemen gehört, Gelassenheit zu lernen und zu üben. Dieses Lebensthema ergibt sich aus zwei Aspekten meiner Persönlichkeit. Da ist einerseits ein gewisses cholerisches Temperament: Laut Ayurveda werde ich als Pitta klassifiziert, also mit Feuer, Begeisterung, aber auch mit Neigung zu Ärger und Zorn. Andererseits habe ich Ahimsa, also Gewaltlosigkeit, als Ideal. Ich wollte noch nie jemandem wehtun: Schon als Kind war ich sehr tierlieb, konnte kein Tier umbringen, noch nicht einmal Insekten. Ich habe niemals einen Menschen wirklich gehasst, und ich konnte auch nie jemandem länger böse sein. Ich hatte immer den Wunsch, anderen zu helfen und mein Leben dem Guten in anderen zu widmen. Diese beiden Grundströmungen widersprachen sich öfter: Zum einen Ärger oder Zorn, wenn etwas nicht richtig war,

Gelassenheit als Lebensthema

andererseits Ahimsa, niemandem wehtun zu wollen. Um beides miteinander zu verbinden, bemühte ich mich um Gelassenheit, aber eben um engagierte Gelassenheit, also innere Gelassenheit, gepaart mit großem Bemühen, anderen zu helfen.

Beschränkung auf Weniges, aber das mit Vehemenz

Ich habe meine Kindheit in sehr positiver Erinnerung: Ich hatte liebevolle Eltern, einen jüngeren und einen älteren Bruder, mit denen es zwar die üblichen Zwistigkeiten unter Geschwistern gab, aber insgesamt haben wir uns sehr gut verstanden. Ich bin aufgewachsen in einem kindlichen christlichen Glauben, bin regelmäßig in den Kindergottesdienst gegangen, war gut aufgehoben auch bei Freunden und Verwandten. Die Welt war also in Ordnung.

Dennoch: Wenn ich nicht bekam, was ich wollte, wurde ich ärgerlich. Schon als Baby soll ich lauter und häufiger geschrien haben als meine beiden Brüder. Später verließ ich einfach wütend den Raum und schlug die Türen zu. Das fand meine Familie natürlich nicht so gut.

Mein erster bewusster Schritt gegen meine Neigung zum Ärger war – schon als Kind mit sieben, acht, neun Jahren – die Beschränkung auf Weniges. Aber wenn ich dann etwas wollte, dann habe ich es mit Vehemenz verfolgt. Das war meist eine recht erfolgreiche Strategie, sowohl gegenüber anderen als auch im Umgang mit mir selbst. Andere haben sich oft in Kleinigkeiten verloren, sich um alles Mögliche gekümmert. Ich habe mir überlegt, was mir wirklich wichtig ist, und es dann meist durchgesetzt, weil ich dafür in vielem anderen nachgegeben habe.

Außerdem wollte ich nicht fremdbestimmt sein. Dass andere mir sagen, was ich zu tun hätte, das war mir unerträglich. Also habe ich antizipiert, was von mir erwartet wurde. Konnte ich diese Erwartungen halbwegs verstehen und nachvollziehen, habe ich mich entsprechend verhalten. So war ich als Kind und Jugendlicher insgesamt relativ brav, sowohl in der Familie als auch in der Schule. Trotzdem oder vielleicht deshalb habe ich meistens bekommen, was ich wollte. Jeder wusste: Wenn ich etwas wollte, dann war das ein berechtigtes Anliegen, und dann würde ich mich durchsetzen.

Als Jugendlicher fasste ich irgendwann den Entschluss, Vegetarier zu werden. Ich bin an den Mittagstisch gegangen – ich kann mich heute noch daran erinnern – und habe gesagt: »Ab heute werde ich zu Hause kein Fleisch mehr essen.« Das war damals etwas ganz Schräges und Außergewöhnliches. Meine Eltern befürchteten erst, ich würde davon krank werden. Aber sie wussten: Wenn ich mir etwas in den Kopf gesetzt hatte, konnte man nichts daran ändern, egal wie lange man mir zuredete. So wurde ich von einem Tag auf den anderen Vegetarier, und meine Mutter musste künftig vegetarisch kochen. Sie war allerdings klug und sagte: »Gut, wenn du Vegetarier sein willst, dann musst du das auch so zum Ausdruck bringen: keine Süßigkeiten mehr, keine Schokolade. Du musst jetzt Vollkorn essen und Salat und Gemüse.« Obgleich ich bis dahin weder Gemüse noch Salat gemocht und eigentlich nur Zuckersachen geliebt hatte, war ich dazu bereit.

Doch durch diese Fixierung, erfolgreich zu sein, wenn ich etwas begann, entstand auch Erfolgsdruck. Meine Toleranz

Gelassenheit als Lebensthema

bei Misserfolgen wurde eher noch geringer. Außerdem verstärkten sich eine gewisse Schüchternheit und Lampenfieber, denn wenn ich mich um etwas kümmerte, musste es ja klappen. So kam diese Strategie an ihre Grenzen. Trotzdem ist sie mir bis heute geblieben: In vielem nachgeben, aber das, was mir wichtig ist, geschickt umsetzen.

Wenn ich die Welt nicht ändern kann, muss ich mich ändern

Als ich etwa elf oder zwölf Jahre alt war, erkannte ich wie die meisten Jugendlichen, dass die Welt voller Ungerechtigkeiten ist und keiner effektiv etwas dagegen tut: verhungernde Kinder in Afrika, Naturkatastrophen, die den Menschen ihr Dach überm Kopf nehmen, Umweltzerstörung durch unbedachtes Handeln … Weder Eltern noch Lehrer oder Pfarrer hatten eine befriedigende Antwort auf meine Fragen. Also wollte zumindest ich konsequent sein, drehte die Heizung runter und spendete mein Taschengeld für »Brot für die Welt«.

Aber Ungerechtigkeiten gab es auch in der Schule oder in der Familie, und die konnte ich ebenfalls nicht abstellen. Immer wieder ergriff mich ein Gefühl der Ohnmacht. Auch im Umgang mit meinem Pferd, das ich doch freundlich behandeln wollte. Da es aber temperamentvoll war, hat es oft versucht, seinen eigenen Kopf durchzusetzen. In solchen Situationen kochte der Ärger in mir hoch, und ich musste mich sehr beherrschen, um ihn nicht am Pferd auszulassen. »So kann sich Ärger also auch anfühlen. Aus diesem Gefühl heraus werden Menschen vermutlich gewalttätig. So will ich nicht sein«, dachte ich dann und schlussfolgerte irgendwann: Wenn sich die Welt, die Menschen, das Pferd nicht ändern, muss ich mich ändern. Wenn die Welt ungerecht ist und voller Leid, dann kann ich Ungerechtigkeit und Leid nicht abschalten. Stattdessen muss ich mich selbst davon lösen. Ich muss meinen Geist zur Ruhe bringen, muss lernen, in der Ruhe zu sein, auch wenn ich das Gefühl von Ohnmacht habe.

So arbeitete ich als Jugendlicher an meinem Geist und dachte, ich müsse meinen Geist trainieren. Ich machte mit Hilfe von Büchern Konzentrations- und Gedächtnistraining, übte positives Denken und die Kunst, schnell zu lesen, und ich las Bücher über Selbstbeherrschung. Auch die stoische Gelassenheit faszinierte mich. Also tun, was zu tun ist, ohne zu überlegen, ob ich es mag oder nicht mag. Ich versuchte recht erfolgreich, meine emotionale Reaktion weitgehend abzuschalten. Das führte bis zu einem gewissen Grad zum Rückzug aus der Welt, irgendwann auch zum Rückzug aus meinen Freundschaften und Bekanntschaften. Für mich schien es damals wichtiger, dass ich an mir arbeite, mich zur Ruhe bringe und lerne, das Gefühl von Ärger nicht entstehen zu lassen. Aber befriedigend war das letztlich nicht. Es musste etwas anderes geben. So bin ich auf eine spirituelle Suche gegangen.

Meine spirituelle Suche

Ich stieß auf Thorwald Dethlefsens Bücher »Das Leben nach dem Leben« (1974) und »Das Erlebnis der Wiedergeburt« (1976), und dort fand ich eine Erklärung für die scheinbaren Ungerechtigkeiten in der Welt: Es gibt einen Sinn im Leben, nämlich die Erfahrung des Höchsten, und was

Gelassenheit als Lebensthema

auch immer geschieht, hilft, spirituell zu wachsen. Besonders vor dem Hintergrund der Reinkarnation, der Lehre von der Wiedergeburt, erschien mir das logisch, und ich konnte akzeptieren, dass für Menschen ein Leben auch voller Leiden sein kann. Denn unter Tausenden von Leben ist ein Leben nur eine Gruppe von Erfahrungen.

Nach wie vor wollte ich mich für das Gute einsetzen, aber die Welt erschien mir nicht mehr so ungerecht. Für mich selbst stellte sich die Welt nun als Herausforderung dar und das Schicksal als Chance, die Aufgaben, die das Leben mir schenkt, bewusst anzunehmen: Es war plötzlich eine ganz andere Perspektive. Mit einem Schlag waren Frustration, Ohnmachtsgefühl und Ärger über die Ungerechtigkeiten in der Welt weggeblasen. Das konnte ich als Sechzehnjähriger natürlich nicht für mich behalten, sondern versuchte, auch meine Verwandten zu überzeugen ... mit mäßigem Erfolg.

Herrschaft über den Geist

Ich begann mit spirituellen Praktiken, die ich mir aus Büchern über Buddhismus, Yoga, christliche Mystik und westliche Esoterik aneignete, und arbeitete an der systematischen Herrschaft über den Geist. Denn Herrschaft über den Geist sollte ja zur höchsten Verwirklichung führen. Ich nutzte Techniken wie Affirmationen, Visualisierung, Meditation und bestimmte Methoden, um den Geist zu disziplinieren. Eine interessante Möglichkeit war, systematisch zu tun, was der Geist nicht will, so lange, bis er es will. Dazu gehörte ein geregelter Tagesablauf, kaltes Duschen, ohne sich vorher warm zu duschen, Fasten, Beschränkung des Schlafs.

Ich merkte, dass es mir bis zu einem gewissen Grad gelang, den Geist unter Kontrolle zu bringen und zu beruhigen, ich konnte vor allem den Ärger beherrschen und lernte, auch andere Gefühlsregungen und meine Wünsche zu kontrollieren. Ich konnte mein Leben durchaus sehr genau meistern.

Aber mein Geist war trotzdem unruhig. Auch wenn ich Wünsche, Ärger und Ängste beherrschen konnte und mich dazu bringen konnte, Dinge zu tun, die ich nicht mochte: In der Meditation selbst waren umso mehr Gedanken da. Ich erreichte keine Tiefe in der Meditation. Außerdem hatte ich nicht genug Energie zum Engagement für das Gute in der Welt und für das, was ich sonst tun wollte. So kam ich dann zum Yoga.

⚜ Beim Yoga angekommen ⚜

Nun hatte ich eine intensive spirituelle Phase, die aber weniger auf Herrschaft des Geistes und auf Disziplinierung ausgerichtet war, sondern ich übte spirituelle Praktiken, die Energie und letztlich auch Freude und Inspiration geben. Ich praktizierte viel Meditation, intensive Atemübungen und Yoga-Stellungen. Durch diese Praxis und durch Phänomene, bei denen ich spürte, dass meine Lebensenergie geweckt wurde, wurde der Geist ruhiger in der Meditation, ich machte tiefe spirituelle Erfahrungen, hatte viel Energie im Alltag und einen klaren Geist. »Jetzt habe ich meinen

Weg gefunden. So muss es nur weitergehen, dann folgt bald die Erleuchtung«, dachte ich.

Die Energie, die ich hatte, setzte ich zum uneigennützigen Dienen ein, ich absolvierte eine Ausbildung zum Yoga-Lehrer und wurde Mitarbeiter in Yoga-Zentren. In dieser Phase von spiritueller Euphorie, tiefer Freude und letztlich auch einer Gelassenheit, die durch äußere Dinge nicht aus der Ruhe zu bringen war, wurde ich dann mit neunzehn Jahren Mönch bei Swami Vishnu-devananda in Kanada.

Mittelmäßigkeit statt Erleuchtung

Doch nach einer Weile merkte ich, dass die Emotionen und Gemütszustände wiederkamen. Die Anfangseuphorie war vorbei. Was ich überwunden geglaubt hatte, war wieder da. Und nicht nur das: Außerdem verliebte ich mich – und das als Mönch, der nach nichts mehr strebte, als seine Gefühle zu kontrollieren. Kann es aber ein intensiveres Gefühl als die Liebe geben?

Ich übte weiter meine spirituellen Praktiken, hatte weiter viel Energie und war intensiv tätig. Ich war ein sehr beliebter Yoga-Lehrer und Unterrichtender, aber es fehlte das richtige Gefühl. Ich hatte inzwischen die meisten Wünsche, die meisten Emotionen unter Kontrolle, es gelang mir, über die Verliebtheit hinauszuwachsen und meine Gelübde zu halten, aber es war ein mittelmäßiges Gefühl. Mittelmäßigkeit mochte ich schon gar nicht.

So kam ich zur Erkenntnis, dass einem letztlich das Bekämpfte, das Negierte, das Unterdrückte als Schatten oder auch in Gestalt anderer Menschen entgegenkommt. Wenn man nicht im Mittelmäßigen hängen bleiben will, gilt es, damit auf eine andere Weise umzugehen, als es vertreiben zu wollen. (Inzwischen weiß ich: Nur wenige sagen nach einigen Jahren der Übung, dass sie ihren Geist wesentlich besser unter Kontrolle haben als kurz nach Beginn ihrer Praxis. Denn die Fortschritte der Menschen auf dem spirituellen Weg sind in den ersten Monaten am größten, danach nur noch gering.)

Coole Gelassenheit mit Jnana Yoga

Die vollständige Gotteserfahrung war trotz vieler Jahre intensiver Bemühungen so leicht nicht erreichbar. Also suchte ich nach einer Abkürzung und kam zum Jnana Yoga bzw. beschäftigte mich jetzt intensiv damit, denn ich hatte ja schon mit siebzehn die Upanishaden gelesen und die Werke von Shankaracharya.

Jnana Yoga wende ich bis heute oft an, und es ist eine wichtige Technik als Hintergrund für den Königsweg zur Gelassenheit: Beobachte alles, identifiziere dich mit nichts. Sei im Hier und Jetzt. Es gibt keine Notwendigkeit, irgendetwas zu beherrschen. Es gibt keine Notwendigkeit, irgendetwas zu ändern. Deine wahre Natur ist Sein, Wissen und Glückseligkeit, und zwar jetzt. Auf diese Prinzipien gehe ich ausführlicher ab Seite 34 ein.

Auch wenn es mir gelungen ist, diese Gelassenheit des Jnana Yoga eine Weile zu leben und Abstand zu nehmen von bewusster Beherrschung, dabei mein inneres Selbst zu spüren und Verbundenheit zu erfahren, gab es für mich Probleme: Mein inneres Engagement, meine Lebendigkeit und auch die Fähigkeit, etwas zu tun und zu ändern, nahmen ab. Ich war inzwischen Leiter eines Ashrams und hatte viel Verantwortung. Aber meine Jnana-Praxis hatte einen gewissen Gleichmut, fast Gleichgültigkeit zur Folge, vor allem verursacht von diesen Worten von Shankaracharya: »Die Welt, wie wir sie wahrnehmen, ist unwirklich. Das Individuum ist eins mit Brahman.« Wozu etwas tun, wenn alles Brahman ist, wenn das Relative nur Täuschung ist? Und wenn es mir wirklich gelungen ist, mich von allem zu lösen und das alles wie einen Traum vorbeiziehen zu lassen, wie geht es weiter? Ja, es ist möglich, so eine Gelassenheit zu erreichen, und es ist auch ein schöner Zustand, aber es fehlte mir wiederum etwas, es war irgendwie zu cool. Ich wollte etwas in der Welt voranbringen und dazu brauchte ich alle Kräfte, auch inneres Feuer.

Instrument Gottes durch Bhakti Yoga

Ich wandte mich nun ganz bewusst und intensiv dem Bhakti Yoga zu, dem Yoga der Gottesverehrung. Das fiel mir leicht, denn ich empfand schon als Kind eine tiefe Gottesliebe, die sich in der Pubertät zwar abschwächte, mich aber nie verlassen hat. Außerdem wurde mir von meinen spirituellen Lehrern immer wieder, wenn mich Zweifel an meinen Fähigkeiten für die gerade anstehende Aufgabe überkamen, gesagt: »Wenn Gott gewollt hätte, dass da jemand wäre, der besser ist als du, hätte er ihn da hingesetzt. Aber es ist jetzt deine Aufgabe, und deshalb bist du der Richtige. Und zweifle nicht an der Weisheit Gottes.« Denn alles, was ist, kommt von Gott. Gott nutzt also meine Erfolge und Misserfolge, meine Fähigkeiten wie auch meine Fehler. Das hatte etwas sehr Befreiendes und machte mich in vielerlei Hinsicht gelassener. Diese Art von Gelassenheit ist sehr schön: eine Gelassenheit voller Freude, voller Liebe, voller Engagement und Bejahung.

Dieser Glaube an Gott und dieses ständige Gefühl von Gottes Gegenwart ist mir zur zweiten Natur geworden. Trotzdem habe ich die Notwendigkeit gesehen, noch etwas anderes zu machen. Das ist dieser Königsweg der Gelassenheit, auf den ich später weiter zu sprechen kommen werde.

Wie ein Meister Gelassenheit lehrt

Yoga-Meister Swami Vishnu-devananda lebte von 1927 bis 1993. Ich habe zwölf Jahre bei ihm in seinen Zentren und Ashrams gelebt und gearbeitet. Er hat mich gelehrt, engagiert zu leben und gelassen zu sein, groß zu denken und mit Kleinem zufrieden zu sein. Er hat mir geholfen, effektiv zu sein, aber nicht an der Effizienz zu hängen. Vor allem aber hat er mich gelehrt, dass letztlich eine höhere Kraft für alles verantwortlich ist und ich mich einfach als Instrument zur Verfügung stellen soll.

Handle ohne Verhaftung

Swami Vishnu hat mich alles Mögliche machen lassen. Einmal sollte ich seine Bibliothek aufräumen und klassifizieren. Ich habe also alle Bücher nach einem logischen System sortiert und auf jedes eine Marke geklebt. Dann habe ich dem Meister alles erläutert, und er fand das ganz toll.

Wie ein Meister Gelassenheit lehrt

Als ich im nächsten Sommer wiederkam, fand ich ein hoffnungsloses Durcheinander vor. Swami Vishnu war das egal: Wenn er ein Buch haben wollte, hat er es einfach gegriffen. Aber was war mit mir? Ich hatte mir viel Mühe gegeben, alles systematisch zu ordnen. Und jetzt? Konnte ich gleichmütig bleiben? Ich erkannte: Das war die eigentliche Aufgabe für mich. Und es gelang mir.

Ein anderes Mal sollte ich eine Treppe bauen, und zwar eine Außentreppe aus Holz zur Veranda seines Häuschens, wo er öfter mit den Menschen sprach. Am Anfang habe ich Swami Vishnu noch gesagt: »Ich habe keine Ahnung von der Schreinerei.« Da hat er mich schräg angeguckt, mehr musste er nicht machen. Ich bin also am nächsten Tag mit zwei anderen Yogis dort angerückt und habe mir alles erklären lassen.

Ich fand es wunderbar, endlich einmal nicht am Schreibtisch zu sitzen und Papier zu wälzen oder Leuten irgendwas zu erzählen, sondern richtig hämmern zu können. Swami Vishnu hat sich das angeschaut. Als ich fertig war, hat er die Treppe wieder abreißen lassen – sie hat sicher nicht den Sicherheitsbestimmungen entsprochen. Aber ich habe festgestellt, dass mir Handwerksarbeit Spaß macht. Und das war es wert.

Lerne es zu lieben

Vielleicht meine schwierigste dieser Lektionen, aber rückblickend die zukunftsträchtigste, erwartete mich 1985 in Los Angeles. Ich war dort hingeschickt worden, weil es dem Zentrum finanziell nicht gut ging. Da war ich nun und wollte schnell eine neue Broschüre versenden. Doch dort stand nur ein Computer, darin befand sich die gesamte Adressdatei, außerdem alle Broschüren, alle Handouts.

Ich war immer schon ein Bücherwurm und Geisteswissenschaftler. Zwar war ich nicht schlecht in Mathe und hatte auch das Betriebswirtschaftsstudium gemeistert, aber ich hatte es bisher geschafft, Computer vollständig zu vermeiden. Und nun saß ich dort vor dieser Kiste, und kein Mensch wusste, wie sie funktioniert – und ich erst recht nicht.

Es blieb mir nichts anderes übrig: Ich habe es mir halbwegs beigebracht. Aber die ganze Zeit habe ich gedacht: »Was soll das?« Dann habe ich einen langen Brief an den Hauptsitz geschrieben und dargelegt, warum ein Computer in einem Yoga-Zentrum nichts zu suchen hat: Anstatt mit Menschen zu sprechen, hockt der Zentrumsleiter stundenlang vor diesem PC und starrt drauf.

Swami Vishnu hat nur zurückgeschrieben: »Learn to love it. Lerne es zu lieben.«

Der Guru hatte gesprochen, also habe ich überlegt: »Wie kann ich jetzt umsetzen, was mein Meister sagt?« Ich habe ein paar Bücher über Computer durchgearbeitet und so langsam verstanden, wie die Dinger funktionieren. Nach einer Weile stellte ich fest: Es macht mir sogar Spaß. Ich konnte mich gut in die Computer hineinversetzen, und später wurde ich beauftragt, in allen Zentren Computer einzurichten. Letztlich wurde ich der Computerspezialist der Zentren, und für den Support war ich dann auch zuständig.

Hänge nicht am Ergebnis deiner Handlungen

1988 ging es dem Ashram im kanadischen Val Morin, also dem Hauptsitz der Sivananda-Yoga-Zentren, finanziell sehr

Wie ein Meister Gelassenheit lehrt

schlecht. Alle Zentren mussten ihre Überschüsse dorthin geben, damit er überleben konnte. Also hat Swami Vishnu all seine engeren Schüler gebeten, Vorschläge zur Rettung des Ashrams zu machen. Es war nur einer dumm genug, dieser Aufforderung zu folgen …

Prompt wurde ich von Paris nach Kanada versetzt, im Winter bei minus vierzig Grad. Dort habe ich versucht, all die Ideen umzusetzen. Das hat auch geklappt, wir haben den Ashram schnell mit Teilnehmern gefüllt. Wir stellten zügig ein innovatives Seminarprogramm auf die Beine. Für die neue Sommersaison konzipierten wir als Ersatz für eine bunte, hässliche Broschüre eine neue, schlicht gestaltete, die im Druck nicht so teuer und im Versand viel günstiger war. Ich zeigte sie Swami Vishnu, und der schrieb: »Very good work.«

Ein paar Wochen später kam die fertige Broschüre, 200 000 Exemplare. Swami Vishnu schrieb: »Who made this brochure? It's horrible. Wer hat diese Broschüre gemacht? Sie ist grässlich.« Einen Tag später: »Dump it in the garbage. Wirf die gesamten Broschüren in den Müll.« Als Nächstes: »Derjenige, der die letzten Jahre die Broschüre gemacht hat, soll schnell eine neue machen, und die soll verschickt werden.«

Ich habe innerlich gekocht, vor Zorn geraucht. All das, was wir angefangen hatten, war umsonst, es würde wieder eine schlechte Sommersaison geben mit den gleichen Problemen wie vorher. Ich hatte doch vorher gezeigt, dass dieses Broschürenkonzept funktioniert, wir hatten es doch schon in Montreal und Toronto ausprobiert. Die Leute sind gekommen.

Nur, Swami Vishnu wollte mir beibringen, dass es im Yoga nicht hauptsächlich um Effizienz geht. Irgendwann habe ich dann gedacht: »Okay, ich bin ja nur Instrument, das ist Swami Vishnus Verantwortung, Gottes Verantwortung, dann soll es halt so sein. Und wenn der Ashram pleitegeht, dann geht er halt pleite. Swami Vishnu wird wissen, was er macht, okay.«

Sowie ich das innerlich gesagt hatte, kam die nächste Nachricht vom Swami Vishnu. Wir hatten inzwischen die ganze Lieferung Broschüren vor die Tür gestellt: Sie sollte am nächsten Tag abgeholt werden zum Altpapier. Dabei war es ökologisch unverantwortbar, das ging mir so gegen den Strich. Ich habe mich mit jeder Faser meines Körpers dagegen gesträubt. Aber wir haben es halt gemacht.

Doch kaum hatte ich mir gesagt: »Okay, ich lasse los«, schrieb Swami Vishnu: »You can send it. Ihr könnt es losschicken.«

Für mich war es eine wichtige Lektion, auch eine Lektion in Gleichmut. Großes Engagement ist gut, klug zu denken ist gut, dazu hatte Swami Vishnu mich angeleitet, und er hat auch öfters gesagt: »Nutze dein Hirn, um was zu machen. Nutze all deine Talente. Sprich mit den anderen. Do brainstorming.« Doch als mein Geist in dieser Effizienzschleife war und sich damit identifiziert hatte und ich dachte: »Ja, jetzt klappt es«, holte Swami Vishnu mich da heraus. Das war die wertvollste Lektion dabei: »Du bist nicht der Handelnde, und es geht nicht darum, sondern lasse los.«

Herzensverbindung – das Wunder geschieht

Man denkt oft, ein Ashram ist ein Ort des Friedens, und die Menschen gehen nur liebevoll und freundlich miteinander um. Aber Individualisten und Menschen mit hohen Idealen zusammenzubringen ist auch eine Herausforderung. Denn sie machen nichts, nur um ihren Arbeitsplatz zu behalten, sondern es geht ihnen ums Prinzip. Sie wollen das Höchste erreichen und tun, was ihnen ihr Herz sagt, und sie wollen Gutes tun in dieser Welt.

1996 eröffnete ich den ersten Ashram von Yoga Vidya, nämlich Yoga Vidya Westerwald. Nach ein paar Monaten gab es eine schwierige Phase in der Zusammenarbeit der Mitarbeiter. Als ein älterer Swami aus Indien kam, fragte ich ihn: »Was kann ich denn machen?« »Concentrate«, antwortete er mir. »Was meinst du damit?«, wollte ich wissen. Er sagte: »Concentrate your heart on the heart of each one who is important. Konzentriere dich auf jeden, der dort im Ashram wichtig ist.« Das war damals jeder Mitarbeiter im Ashram, denn es waren nicht so viele. »Spüre jeden Tag eine halbe Minute lang das Herz von jedem, der da ist.« Mehr hat er nicht gesagt. Nur noch: »See the miracle happening. Sieh, wie das Wunder passiert.« Tatsächlich: Es war wie Magie, nach ein paar Tagen lief alles besser. Sogar miteinander gingen die Mitarbeiter liebevoller um. Es hatte ausgereicht, dass ich jeden Morgen die Herzensverbindung bewusst herstellte. Inzwischen weiß ich: Das funktioniert nicht nur im Ashram, es funktioniert auch in der Familie oder mit Chefs und Kollegen oder wer es sonst ist, mit dem man sich nicht versteht. Deshalb ist die Herzensverbindung eine wichtige Übung auf dem Königsweg zur Gelassenheit. Sie werden im Folgenden von mir immer wieder Tipps in dieser Richtung bekommen.

Die sechs Wege des Yoga und die Gelassenheit

Die meisten denken bei Yoga nur an die Körperübungen, die Asanas. Oder an Entspannung. Doch beides sind nur kleine Teile des Yoga: Tatsächlich ist Yoga eine sehr umfassende philosophische und religiöse Lehre, deren Ziel die Gotteserkenntnis ist – die Erleuchtung. Nicht umsonst heißt das Wort »Yoga« in seiner höchsten Bedeutung »Einheit« und beinhaltet die tiefe Erfahrung der Einheit hinter allem. Erst mit Gelassenheit und innerer Harmonie ist es überhaupt möglich, eine Einheits- oder Gotteserfahrung zu machen.

DIE SECHS WEGE DES YOGA UND DIE GELASSENHEIT

Da Yoga eine sehr alte indische Lehre ist, der schon viele Menschen gefolgt sind, gibt es unterschiedliche Weisen, den Yoga und seine Richtungen zu unterteilen. Ich selbst unterscheide sechs Wege des Yoga:

1. Jnana Yoga – Yoga des Wissens
2. Karma Yoga – Yoga der Handlung
3. Bhakti Yoga – Yoga der Hingabe und des Herzens
4. Raja Yoga – Yoga der Psyche und der Meditation
5. Kundalini Yoga – Yoga der Energie
6. Hatha Yoga – Yoga der Bewegung

Da uns jeder dieser sechs Wege auf seine ganz eigene Art helfen kann, mehr Gelassenheit zu erreichen, werde ich im Folgenden alle sechs Yoga-Lehren im Hinblick darauf erläutern. Der Schwerpunkt wird auf dem Raja Yoga liegen, dem psychologischsten aller Yoga-Wege, denn er ist auch gut nachvollziehbar für Menschen, die sich noch nie mit Yoga beschäftigt haben, oder auch für solche mit eher atheistischer Weltsicht. Gleiches gilt für Kundalini und Hatha Yoga, mit denen wir unseren Energie- bzw. unseren Körperzustand beeinflussen und darüber zu mehr Gelassenheit gelangen können.

Jnana, Karma und Bhakti Yoga sind sehr philosophische und spirituelle Yoga-Wege, die interessante Denkansätze zur Gelassenheit liefern, aber auch eine intensive Auseinandersetzung erfordern. Außerdem basieren sie auf dem Glauben an Reinkarnation, also der Vorstellung, dass wir nicht nur ein, sondern viele Leben haben und unsere unsterbliche Seele nach dem Tod in einem neuen Körper auf die Welt kommt.

Jnana Yoga: Alles ist Bewusstsein

Wer bin ich? Woher komme ich? Wohin gehe ich? Was ist nach dem Tod? Was ist vor der Geburt? Was ist das Ziel des Lebens? Was ist die Welt? Was ist Gott? Was ist wirklich? Was ist unwirklich? Was ist Glück? Das sind die zentralen Fragen, denen sich der Jnana Yoga widmet. Es sind die Urfragen der Menschheit, die Fragen, die uns Menschen umtreiben, seit es uns gibt.

»Jnana« heißt »Wissen«, und so wird dieser Yoga-Weg auch oft »Yoga des Wissens« genannt. Aber tatsächlich geht es beim Jnana Yoga nicht um reine Philosophie oder intellektuelle Erkenntnis. Es geht um Erfahrung. Denn all diese Urfragen sind letztlich nicht komplett mit dem Verstand zu durchdringen, aber sie sind in der Meditation erfahrbar. Sich beispielsweise mit der Frage nach dem Glück oder dem Ziel des Lebens intellektuell auseinanderzusetzen ist faszinierend, aber es tatsächlich zu spüren, hat eine ganz andere Qualität. Das ist wiederum die Voraussetzung zur Erkenntnis des eigenen Selbst und der höchsten Wahrheit – und darum geht es im Jnana Yoga.

Wer bin ich? Subjekt oder Objekt?

»Frage ›Wer bin ich?‹, erkenne dein Selbst und sei frei.« So kurz und knapp fasst der große indische Yoga-Meister Swami Sivananda die Grundlage des Jnana Yoga zusammen. Hinter dem Jnana Yoga steht die Philosophie des Vedanta, und dort gibt es die sogenannte Vichara-Technik. Sie fragt sehr konsequent: »Wer bin ich?« Das Augenmerk wird dabei auf die Beziehung von Subjekt und Objekt gerichtet. Subjekt ist derjenige, der wahrnimmt, Objekt ist der oder das Wahrgenommene.

Diese – zumindest theoretisch – einfache Unterscheidung bewusst zu treffen, ist ein wichtiger Schritt zu mehr Gelassenheit, denn sie zeigt uns, an welchen Stellen wir uns zu sehr mit etwas oder mit jemandem identifizieren, also den inneren Abstand dazu verlieren. Wenn wir aus unserer Gelassenheit fallen, ist immer eine zu starke Identifikation der Grund.

Bin ich die Uhr? Ein einfaches Beispiel verdeutlicht, worum es bei der Subjekt-Objekt-Beziehung geht: Nehmen Sie sich einen Gegenstand, der Ihnen gefällt und Ihnen gehört – vielleicht eine Armbanduhr –, und schauen Sie ihn an. Fragen Sie sich: »Bin ich diese Uhr?« Nein, natürlich nicht. Fragen Sie sich dann: »Warum bin ich nicht diese Uhr?« Sie können die Uhr sehen, sind also derjenige, der sieht, der beobachtet. Sie können die Uhr auch nehmen und woanders hinlegen – ganz klar: Sie sind der Beobachter, das Subjekt. Die Uhr ist ein Objekt, mit dem Sie etwas machen können.

Fragen Sie sich nun: »Wem gehört die Uhr?« Sie werden antworten: »Das ist meine Uhr.« Sie haben sie gekauft, geerbt, geschenkt bekommen oder sonst wie in Besitz genommen. Indem Sie sagen »meine Uhr«, verändert sich etwas in Ihrem Verhältnis zu diesem Gegenstand: Sie identifizieren sich damit. Das merken Sie spätestens, wenn die Uhr nicht mehr da ist, weil Sie sie verloren haben oder jemand

Jnana Yoga: Alles ist Bewusstsein

sie gestohlen hat. Sie geraten in Unruhe, werden vielleicht sogar wütend, ärgerlich oder traurig. Ihre Gelassenheit ist mit der Uhr dahin …

Wie wäre es, wenn nicht Ihre Uhr, sondern die Ihres Nachbarn verschwunden wäre? Sie würden sich vermutlich seine Geschichte anhören, ihn vielleicht noch mitfühlend bedauern, aber dann wäre das Thema erledigt. Sie wären nicht damit identifiziert und würden entsprechend ruhig bleiben.

Überlegen Sie einige Minuten, womit Sie sich identifizieren. Ist es Ihr Garten, Ihr Haus, Ihr Auto, Ihre geschmackvolle kleine Dachwohnung, Ihr lässiger Kleidungsstil, Ihr Smartphone?

Das ist eine Uhr Wie würde ein Jnana-Yogi mit dieser Situation umgehen? Er würde sagen: »Ich bin nicht die Uhr.« Außerdem aber würde er sagen: »Das ist eine Uhr. Ich habe sie zwar gekauft, und sie steht mir jetzt zur Verfügung, aber sie gehört mir nicht, denn sie ist niemals vollständig unter meiner Kontrolle.« Tatsächlich ist sie Teil der Welt, die wir beobachten können. Wenn die Uhr nicht mehr da ist, wird es den Jnana-Yogi nicht aus der Ruhe bringen. Denn er ist sich bewusst, dass ihm die Dinge nur vorübergehend anvertraut sind. In dieser Zeit kümmert er sich gut darum und freut sich auch durchaus daran. Aber sind die Objekte kaputt, verloren, geklaut, bringt ihn das nicht aus seiner Gelassenheit, denn sein Glück ist davon nicht abhängig, weil er sich nicht mit ihnen identifiziert hat.

DIE SECHS WEGE DES YOGA UND DIE GELASSENHEIT

Weniger Identifikation bringt mehr Gelassenheit

Für viele Menschen können die Gedanken »Ich bin nicht das Objekt« und »Es ist mir nur zeitweise anvertraut« eine große Hilfe in Richtung zu mehr Gelassenheit sein. Denn wir leben in einer sehr materiell orientierten Welt, in der sich manche Menschen sehr stark mit ihrem Besitz identifizieren und auch ihr Selbstbewusstsein daraus ziehen. Wer sich davon lösen kann, nach einer bestimmten Automarke zu streben, nur das angesagteste, neueste Handy oder bestimmte Markenklamotten zu haben, hat einfach weniger Stress und bringt dadurch mehr Ruhe in sein Leben.

Identifikation im zwischenmenschlichen Bereich

Dieses anscheinend banale Beispiel der Uhr lässt sich nicht nur auf viele andere Gegenstände unseres alltäglichen Lebens übertragen, sondern auch auf Menschen, Beziehungen und unsere Gefühle. Denn tatsächlich finden wir Identifikationen auf allen Ebenen unseres Alltags, wenn wir nur genau hinschauen und uns immer wieder die Schlüsselfrage stellen: »Wer bin ich?«

Mit diesem Thema habe ich mich lange beschäftigt, und ich finde es so wichtig, dass ich allein darüber ein ganzes Buch schreiben könnte. Ich beschränke mich auf einige Aspekte, die durch zu starke Identifikation immer wieder geeignet sind, uns aus unserer Gelassenheit zu bringen.

Identifikation mit Rollen

Ich bin nicht die Uhr. Das ist so weit klar. Aber wie sieht es mit Rollen aus, die wir einnehmen? Als Eltern, als Lebenspartner, als Freunde, als Vereinsvorsitzende, als Arbeitnehmer oder -geber? Wir nehmen

Jnana Yoga: Alles ist Bewusstsein

in unserem Leben in unterschiedlichen Situationen unterschiedliche Rollen ein. Im Laufe eines Tages schlüpfen wir in mehrere hinein, denn anders lässt sich unser Leben gar nicht bewältigen. Probleme gibt es nur, wenn wir uns übermäßig mit den Rollen identifizieren: Dann entstehen daraus Wünsche, Befürchtungen oder Ängste, und wir verlieren unsere Gelassenheit.

Wir sind aber nicht diese Rollen. Wir sind Subjekt, Handelnde, denn wir können diese Rollen verändern oder auch ganz ablegen. Wir können uns von einer Rolle zur anderen bewegen, aber wir selbst bleiben gleich. Unser Sein und unser Glück hängen nicht von einer Rolle ab.

Lieben Sie Ihren Beruf? Finden Sie es schwierig, gelassen zu bleiben, wenn jemand Sie im Job kritisiert? Werden Sie vielleicht sogar wütend und spüren, wie es in Ihnen brodelt? Dann identifizieren Sie sich sehr mit Ihrer Tätigkeit. Fragen Sie sich nun: »Wer bin ich?« »Bin ich dieser Beruf, diese Aufgabe?« Ihre Antwort lautet natürlich »Nein«. Damit schaffen Sie Distanz und lösen die Identifikation auf – zumindest ein wenig, ganz wird es nur mit ständiger Übung gelingen. Jetzt sind Sie in der Lage zu erkennen: Die Kritik ist nicht böse gemeint und nicht gegen Sie als Persönlichkeit gerichtet, sondern nur auf einen Aspekt Ihrer Aufgaben, letztlich auf einen Teil Ihrer Rolle im Job. Denn Rollen bringen Aufgaben mit, die wir erledigen müssen, Erfahrungen, an denen wir wachsen. Nicht immer machen wir das auf Anhieb gut, so dass manchmal Kritik angebracht ist, damit wir daraus lernen und es beim nächsten Mal besser machen können.

Sich mit einer Rolle nicht zu identifizieren, heißt übrigens keineswegs, ihr gleichgültig gegenüberzustehen und jede

Kritik unwidersprochen hinzunehmen. Sie können sich einsetzen für Ihre Sache, dafür kämpfen, aber Sie identifizieren sich nicht damit und bleiben dadurch gelassener und glücklicher. Das ist es, was ich im Vorwort mit engagierter Gelassenheit meinte.

Ich bin der Leiter eines Yoga-Zentrums. Oder nicht? Tatsächlich bin ich, während ich dies schreibe, der Leiter von Yoga Vidya. Aber ob ich es noch bin, während Sie dieses Buch lesen, weiß ich nicht. Vielleicht habe ich dann diese Aufgabe abgegeben und widme mich etwas ganz anderem. Denn ich bin mir bewusst, dass es ein Beruf, eine Berufung, eine Rolle auf Zeit ist. Ich muss zwar nicht zwangsläufig wie ein Beamter in den Ruhestand gehen, aber spätestens durch die Endlichkeit meines körperlichen Lebens ist diese Rolle für mich begrenzt.

Über sich selbst lachen

Ein guter Weg, aus der Identifikation herauszukommen, ist Humor. Denn Lachen schafft auf eine sehr angenehme Art und Weise den innerlichen Abstand, der zum Auflösen einer Identifikation notwendig ist. Wer über sich selbst und das, was er gemacht hat, lachen kann, ist weniger verbissen. Mit einem herzlichen Lachen können Sie Angst und Unruhe weglachen.

Jnana Yoga: Alles ist Bewusstsein

Identifikation mit anderen Menschen

Besonders prägend für unser Leben – und oft sehr nachteilig für die Gelassenheit – ist die Identifikation mit anderen Menschen, und zwar vor allem mit jenen, die uns sehr nahestehen: Kind, Mutter, Vater, Freund, Freundin und Lebenspartner. Bei manchen Menschen ist die Identifikation so stark, dass sie sogar ihr ganzes Selbstwertgefühl aus diesen Beziehungen ziehen. Gibt es dann Schwierigkeiten im Zwischenmenschlichen, ist auch das Selbstbewusstsein am Boden. Wer es schafft, sich aus diesen Identifikationen zu lösen, tut nicht nur sich selbst, sondern auch dem anderen einen großen Gefallen: Beide Seiten profitieren von mehr Gelassenheit und können ihr inneres Wesen leichter entfalten.

Sie sind nicht Ihr Kind
Hängt Ihr Glück davon ab, dass sich Ihr Kind möglichst genau entsprechend Ihren Vorstellungen entwickelt und verhält? Dann identifizieren Sie sich sehr stark mit Ihrem Kind. Oder hängt Ihr Glück »nur« davon ab, dass Ihr Kind glücklich ist und seinen Charakter entfaltet, selbst wenn er nicht Ihren Erwartungen oder Vorstellungen entspricht? Das ist vermutlich die ideale Eltern-Kind-Beziehung.
Wahrscheinlich ist eine identifikationsfreie Beziehung der Eltern zu ihren Kindern nicht gesund möglich und auch gar nicht wünschenswert, denn Eltern tragen ja die Verantwortung für ihr Kind, bis es erwachsen ist. Das Glück der Eltern hängt also bis zu einem gewissen Grad auch vom Glück des Kindes ab. Jedoch identifizieren sich manche Eltern so stark mit ihren Kindern, dass sie ihre eigenen Wünsche und Ängste auf die Kinder übertragen und ihnen durch zu starke

DIE SECHS WEGE DES YOGA UND DIE GELASSENHEIT

Führung und Kontrolle die Möglichkeit nehmen, sich als eigenständige Persönlichkeit zu entfalten.

Überprüfen Sie Ihr Verhältnis zu Ihrem Nachwuchs und überlegen Sie:

- Was für konkrete Erwartungen habe ich für das Leben meines Kindes?
- Wie soll sich mein Kind entwickeln?
- Wie stolz bin ich, wenn das Kind genau meinen Erwartungen entspricht?
- Wie stolz bin ich, wenn es nicht meinen Erwartungen entspricht?
- In welchem Bereich identifiziere ich mich besonders mit meinem Kind (z.B. Klugheit, Hilfsbereitschaft, Charme, Sportlichkeit)?
- Wie könnte ich mich aus diesen Identifikationen – zumindest zum Teil – lösen?

Allein sich dieser engen gefühlsmäßigen Verbindung im Detail bewusst zu werden, ist ein erster Schritt, sich aus übermäßiger Identifikation zu lösen. Machen Sie sich klar: Sie sind nicht Ihr Kind! Sie können und sollen Anteil an der Entwicklung und am Glück Ihres Kindes haben, aber ohne allzu viel Identifikation. Dann fällt auch später das Loslassen in die Unabhängigkeit nicht so schwer.

Jnana Yoga: Alles ist Bewusstsein

> ### Eltern handeln immer aus Liebe
> Die Urmotivation für alle elterlichen Handlungen ist Liebe: Eltern möchten, dass es ihrem Kind in seinem jetzigen und seinem späteren Leben gut geht. Viele Vorschriften, viele Einschränkungen und viele Meckereien haben nur den einen Hintergrund: Die Eltern möchten, dass ihr Kind gesund und sicher lebt und glücklich wird, und zwar möglichst langfristig. Das gilt beim kleineren Kind, das sein Zimmer aufräumen soll (dabei lernt es für die Zukunft etwas über Haushaltsführung), genauso wie beim erwachsenen Kind, das sich nicht in eine schlampige Frau verlieben soll (die wird ihm sicher nicht gut den Haushalt führen). Mit diesem Gedanken im Hinterkopf lassen sich viele elterlichen Einmischungen gelassener ertragen.

Sie sind nicht Ihre Eltern

Auch erwachsene Kinder identifizieren sich oft sehr stark mit ihren Eltern und deren Erwartungen an sie. So strebt mancher Sohn selbst dann noch nach dem Lob des Vaters, wenn dieser längst tot ist. Er strebt nach dem Lob, das er sich in Kindheit und Jugend so gewünscht hätte, aber nie bekam. Manche Frau ergreift einen Beruf, den ihre Mutter gerne ausgeübt hätte, und wird damit unglücklich. Solche Verhaftungen können genau wie kritiklos übernommene elterliche Glaubenssätze (»In unserer Familie gab es das noch nie«) im Erwachsenenalltag sehr hinderlich sein und

Handlungen auslösen, die mit dem inneren Selbst des längst erwachsenen Menschen gar nichts zu tun haben.

Wer das achtzehnte Lebensjahr erreicht hat und finanziell auf eigenen Füßen steht, kann sein Leben selbst gestalten und sollte sein Glück nicht davon abhängig machen, ob es den Erwartungen der Eltern genügt. Wenn Sie Eltern haben, die sich um Sie gekümmert haben und die immer noch regen Anteil an Ihrem Leben nehmen, dürfen Sie dankbar sein. Seien Sie sich bewusst: Egal welche Tipps Ihnen Ihre Eltern geben, sie tun es aus Liebe. Vielleicht sind manche Tipps es durchaus wert, darüber nachzudenken und sie eventuell sogar umzusetzen.

Aber Sie müssen auf Ratschläge oder wohlmeinende Kritik nicht zum zehnten Mal das Gleiche antworten und in die Rechtfertigungsfalle gehen. Hören Sie sich an, was Ihre Eltern zu sagen haben, bedanken Sie sich bei ihnen für ihre Anteilnahme an Ihrem Leben. Wechseln Sie das Thema, und fragen Sie Ihre Eltern, was in ihrem Leben gerade wichtig ist. Tun Sie später das, was Sie selbst für richtig halten. So bleiben Sie Subjekt und dementsprechend gelassen.

Sie sind nicht Ihr Partner

Gelassenheit in der Partnerschaft wünschen sich sehr viele Menschen. Das ist gar nicht so einfach, denn gerade zu Beginn einer Beziehung identifiziert man sich auf vielerlei Weise mit dem anderen, den man gerade zu lieben beginnt. Man findet alles toll, was der andere macht, und passt sich mit den eigenen Bedürfnissen zumindest am Anfang stark an. Das Verschmelzen von zwei Individuen zu einer Einheit fühlt sich so unvergleichlich an und scheint

Jnana Yoga: Alles ist Bewusstsein

ein Abglanz der Einheit mit der Welt und mit dem Göttlichen zu sein.

Nach einer Weile verblasst der Glanz des Neuen, und wir blicken nach und nach wieder mehr auf uns selbst und unsere Bedürfnisse – und darauf, dass der Partner unsere Erwartungen erfüllt. Plötzlich soll er seine Klamotten aufheben, die er bisher im Rausch der Leidenschaft gerne überall verstreuen durfte. Seine Ansichten über dieses und jenes stimmen viel weniger mit unseren überein, als wir ursprünglich dachten. Kurz: Die rosarote Brille der Verliebtheit wird abgesetzt und offenbart ganz schön viele Unterschiede. Wer sich mit dem falschen Bild des Partners stark identifiziert oder sich selbst gar darüber definiert hat, fällt nun in ein schwarzes Loch – von Gelassenheit keine Spur.

Wer bin ich? Wieder ist das die Schlüsselfrage. Denn auch in einer Beziehung sollte ich mein eigenes Leben mit den für mich vom Schicksal vorgesehenen Aufgaben leben. Ich bin nicht mein Partner, ich kann nicht seine Lektionen erfüllen. Wer sich mit seinem Partner identifiziert, macht sich von dessen Gefühlen, Erfolgen und Misserfolgen abhängig. Dagegen heißt Nichtidentifikation zu wissen, dass beide eigenständige Persönlichkeiten sind mit eigener Vergangenheit und eigenen Aufgaben in der Zukunft. Vielleicht ist es genau Ihre Aufgabe zu lernen, mit den herumliegenden Klamotten Ihres Partners zu leben, letztlich also zu akzeptieren, dass Ihr Partner anders ist, als Sie es gerne hätten. Trotzdem ist er oder sie ein toller Mensch, mit dem Sie gern Ihr Leben teilen, mit dem Sie gemeinsam wachsen können – in engagierter Gelassenheit, mit anderen Worten: in echter Liebe.

DIE SECHS WEGE DES YOGA UND DIE GELASSENHEIT

Identifikation mit der eigenen Person

Ob Gegenstände und Besitztümer oder andere Menschen – unser Leben bietet uns reichlich Gelegenheit, durch zu starke Identifikation die Gelassenheit zu verlieren. Doch mit der Wer-bin-ich-Frage haben Sie ein gutes Werkzeug, um damit umzugehen. Es funktioniert auch, wenn es um unsere eigene Person geht. Dabei gilt es allerdings, noch genauer hinzuschauen, nachzufragen und zu überlegen, denn mit nichts identifizieren wir uns so stark wie mit unserem Körper, unseren Gedanken, unseren Fähigkeiten, unseren Gefühlen, unserer Persönlichkeit. Schließlich sind wir doch unser Körper, unsere Gedanken, unsere Fähigkeiten, unsere Gefühle, unsere Persönlichkeit, oder nicht?

Sie sind nicht Ihr Körper

Die Subjekt-Objekt-Analyse fällt vielen Menschen bei der Frage »Bin ich mein Körper?« zunächst nicht schwer: Die meisten antworten spontan mit »Ja«. Doch jetzt blicken Sie einmal auf Ihre Hand. Denken Sie dabei daran, dass Sie derjenige sind, der beobachtet, Sie sind nicht das, was beobachtet werden kann. Sie sehen Ihre Hand, können sie riechen, bewegen. Sie sind also nicht Ihre Hand. Zum Glück, denn sollten Sie bei einem Unfall Ihre Hand verlieren, wären Sie, wäre Ihr Ich immer noch da. Dieses Gedankenexperiment können Sie auch auf die anderen Körperteile übertragen. Wenn Sie schon älter sind, müssen Sie gar nicht so weit gehen, denn Sie haben längst erfahren, dass sich Ihr Körper verändert und Sie trotzdem noch Ihr Ich sind. Auch Sportler oder Menschen, die stark ab- oder zugenommen haben, wissen, dass ihr Körper nur ein Objekt ist, das sie durch Anstrengungen ihres Bewusst-

Jnana Yoga: Alles ist Bewusstsein

seins bzw. durch Ernährung und Sport verändern können. Meditierende erleben manchmal das sehr beeindruckende Gefühl, keinen Körper mehr zu haben. Menschen, die knapp dem Tod entronnen sind, berichten Ähnliches. Also gibt es Bewusstsein ohne Körper. Kranke oder behinderte Menschen erfahren dies täglich in ihrem Leben. Letztlich ist der Körper nur ein Fahrzeug für unser Ich auf dieser Erde. Überlegen Sie:

- Wie ist mein Bild meines Körpers?
- Mit welchen positiven oder negativen Begriffen belege ich ihn?
- Wie wichtig ist mir mein Körper so, wie er jetzt ist?

Wenn Sie Ihren Körper sehr kritisch sehen und dadurch aus Ihrer Gelassenheit geraten – vor allem Frauen tun das –, fragen Sie andere Menschen danach. Sehr wahrscheinlich finden andere Ihren Körper viel schöner, als Sie denken. Hatha Yoga hilft nebenbei bemerkt dabei, ein besseres Körpergefühl zu bekommen.
Übrigens: Die Tatsache, dass Sie nicht Ihr Körper sind, entbindet Sie nicht von der Verantwortung, sich um ihn zu kümmern. Sie sind schließlich auch nicht Ihr Auto, und trotzdem geben Sie ihm, was es braucht, damit es funktioniert.

Sie sind nicht Ihre Gedanken und Gefühle Gerade die Kopf- und Verstandesmenschen hängen sehr an ihren Gedanken und definieren sich auch oft darüber. Falls Sie selbst dazugehören, kennen Sie vermutlich auch das Gedankenkarussell, das sich vorzugsweise nachts dreht, wenn Sie eigentlich schlafen wollen. Wenn Sie sich von Ihren Gedanken lösen können, weil Sie sich nicht (mehr) mit ihnen identifizieren, werden Sie daher nicht nur gelassener, sondern schlafen auch besser. Außerdem können Sie sich leichter und objektiver mit den Gedanken und Anregungen anderer Menschen auseinandersetzen, weil Sie nicht so sehr auf Ihre eigene Position fixiert sind.

Nehmen Sie sich jetzt einen Moment Zeit, hören Sie auf zu lesen und kommen Sie zur Ruhe.

❦ ❦ ❦

Was passiert? Alle möglichen Gedanken, Bilder, Worte und Gefühle sind gekommen – von Ruhe keine Spur, jedenfalls nicht innerlich. Sie können nicht verhindern, dass Gedanken kommen und gehen, aber Sie können Einfluss auf sie nehmen. Dazu beobachten Sie, welche Gedanken Sie haben, und machen sich bewusst: Sie sind nicht die Gedanken und müssen ihnen nicht folgen. Sie können frei entscheiden, ob und welchem Gedanken Sie folgen möchten.

Gedanken setzen sich meist aus Worten, Bildern und Gefühlen zusammen. Wenn Sie eine dieser Komponenten herauslösen können, schaffen Sie es, sich von der Identifikation mit dem Gedanken insgesamt zu lösen. Probieren Sie dazu folgende Techniken:

- ❦ Wer ständig innere Worte spricht, stellt sich vor, seine Gedanken wären eine Radiosendung. Hören Sie eine Weile mit Interesse zu und schalten Sie dann ab.

- Wer eher in Bildern denkt, stellt sich vor, die Augenlider seien eine Leinwand, auf der ein Gedankenfilm abläuft. Schalten Sie den Projektor nach einer Weile einfach ab, vor allem wenn sich der Film – also die Gedanken – wiederholt.
- Bei Gefühlsgedanken spüren Sie hin und fragen sich, wo Sie den Gedanken wahrnehmen. In Ihrem Körper? Wo da genau? Oder außerhalb? Rechts, links, oben, unten? In dem Moment sind Sie der Beobachter.

Es wird Ihnen nicht gelingen, jederzeit Ihre Gedanken zu beherrschen, aber das ist auch nicht nötig. Es ist nicht einmal notwendig, die Gedanken ständig zu beobachten. Schon allein es gelegentlich zu machen, gibt Ihnen eine gute Grundlage für Gelassenheit.

Im Raja Yoga sagt man: Yoga ist das Zur-Ruhe-Bringen der Gedanken im Geist. Indem du deinen Geist zur Ruhe bringst, ruhst du in deinem wahren Wesen. Dein wahres Wesen ist Bewusstsein. Dein wahres Wesen ist unbegrenztes Sein. In deinem wahren Wesen ist Liebe, ist Freude.

Sie sind nicht Ihre Fähigkeiten und Talente Schon unsere alltägliche Wortwahl erleichtert uns in diesem Bereich die Nichtidentifikation. Wir sagen: »Ich habe diese Fähigkeiten und jene Begabungen.« Wir sagen nicht: »Ich bin diese Fähigkeiten und Begabungen.« Das liegt natürlich auch daran, dass wir uns unser Können erarbeiten und unsere Talente trainieren mussten. Selbst wer mit einem hervorragenden Gefühl für Musik auf die Welt kommt, muss intensiv üben, bis er sein Instrument meisterlich beherrscht.

DIE SECHS WEGE DES YOGA UND DIE GELASSENHEIT

Trotzdem identifizieren sich viele Menschen mit ihrem Können. Das merken Sie beispielsweise daran, dass Sie sich über Lob freuen oder – noch viel deutlicher – sich über andere Ansichten und Kritik ärgern. In beiden Fällen verlieren Sie Ihre Gelassenheit – und das ist typisch für starke Identifikation. Dann ist es gut, sich selbst zu verdeutlichen: »Ich bin Bewusstsein. Ich bin nicht diese Fähigkeiten. Ich kann noch vieles anderes.« Überlegen Sie:

- Welche Talente habe ich?
- Welche Fähigkeiten habe ich?
- Welche davon nutze ich kaum und könnte sie weiterentwickeln?

Seien Sie dabei neugierig und öffnen Sie sich auch für Ihre bis jetzt unterentwickelten Begabungen. Gehen Sie spielerisch damit um, denn dann fällt es viel leichter, gelassen zu bleiben. Außerdem hält es Sie innerlich flexibel.

Feinfühligkeit und spirituelle Fähigkeiten

Im Yoga-Zentrum begegne ich zahlreichen Menschen mit gesteigerter Sensibilität, feinstofflicher Wahrnehmung und spirituellen Erfahrungen. Dazu gehören die Fähigkeit, die Aura zu sehen und zu lesen, Telepathie, Hellsichtigkeit, die Wahrnehmung von feinstofflichen Wesen wie Engeln und Geistern oder heilende Hände. Das sind wunderbare Gaben. Allerdings machen sie den Alltag für die Betroffenen manchmal eher schwieriger

Jnana Yoga: Alles ist Bewusstsein

als leichter: Die Stimmungen und das Leid anderer können feinfühlige Menschen stark beeinträchtigen, und durch intensivere Wahrnehmung wird manche Gestik oder Mimik fehlinterpretiert. Deshalb ist es wichtig, mit diesen Gaben verantwortungsvoll umzugehen und sich gerade damit nicht zu identifizieren: Niemand ist wegen solcher Gaben ein besserer oder schlechterer Mensch als andere. Es gibt keinen Grund für das Gefühl, besonders auserwählt zu sein, oder für ein übergroßes Ego. Zumal bei vielen Menschen diese Gaben auch wieder verschwinden oder nur zeitweise abrufbar sind. Feinfühlige Menschen können folgende Übungen machen, damit sie nicht von ihren Wahrnehmungen überschwemmt werden:

- Erdende Übungen wie die tiefe Bauchatmung (Seite 101)
- Kavacham, das Erzeugen eines stabilen Energiefelds (Seite 164)
- Körperliche Anstrengungen wie Gartenarbeit, Sport, anstrengende Asanas
- Mit dem eigenen Herzen das Herz des anderen spüren (Seite 203)

Wenn Sie zu den feinfühligen Menschen gehören, trainieren Sie auch ganz bewusst, Ihre Wahrnehmungen nicht zu sehr zu beachten. Seien Sie dankbar für diese besondere Gabe und gehen Sie demütig damit um.

DIE SECHS WEGE DES YOGA UND DIE GELASSENHEIT

Sie sind nicht Ihre Persönlichkeit Es gibt wohl kaum jemanden, der sich nicht mit seiner Persönlichkeit identifiziert. Deswegen fällt die Vorstellung besonders schwer, sich davon zu lösen. Die Persönlichkeit beinhaltet Begabungen, Temperament, die Art, wie wir mit anderen kommunizieren, wie wir mit unseren Anliegen und den Ereignissen in unserer äußeren Welt umgehen. Dass die Persönlichkeit nichts Feststehendes ist, sieht man am deutlichsten an Menschen, die eine traumatische Erfahrung gemacht haben: Ihr »Wesen« verändert sich schlagartig, weil sie durch ein einschneidendes Erlebnis plötzlich einen anderen Blick auf die Welt haben. Diese neue Sicht bringt bislang unsichtbare Charakterzüge ans Tageslicht und lässt manche der bekannten unsichtbar werden.

Wenn Sie zurückblicken, werden auch Sie bei sich selbst Züge finden, die früher stärker oder schwächer ausgeprägt waren. Denn Sie haben sich bewusst und unbewusst weiterentwickelt. Wenn Sie mit anderen Menschen über sich sprechen, werden Sie bestimmt neue Dinge über Ihre Persönlichkeit erfahren. Überlegen Sie:

- Was zeichnet mich als Persönlichkeit aus?
- Welche dieser Charakteristika hatte ich schon immer, welche sind relativ neu?
- Sehen andere Menschen das genauso?
- Welche Charakterzüge mag ich an mir, welche nicht?

Besonders bei den Charakterzügen, die Sie nicht an sich mögen, schafft der Gedanke »Ich bin nicht diese Persönlichkeit« wohltuenden Abstand vom inneren Geschehen und damit mehr Gelassenheit.

Wer bin ich? Das unsterbliche Selbst

Jnana Yoga fragt nicht nur unermüdlich danach, wer wir sind, Jnana Yoga gibt auch eine Antwort darauf: Sat, Chit, Ananda – Absolutes Sein, Wissen/Bewusstsein und Glückseligkeit. Zumindest der erste Teil der Antwort ist eine philosophisch-logische Ableitung. Denn bei allem, was Sie wahrnehmen, sind Sie der Wahrnehmende, das Subjekt. Alles Wahrgenommene ist der Veränderung und dem Irrtum unterworfen. Nur dass es jemanden gibt, der »Wer bin ich?« fragt, steht zweifelsfrei fest. Jemand beobachtet, denkt und zweifelt. Das entspricht dem »Cogito ergo sum«, »Ich denke, also bin ich« des französischen Philosophen, Mathematikers und Naturwissenschaftlers René Descartes (1596–1650). Sie sind also Sein, im Sanskrit »Sat«.

Dieses Sein ist nicht begrenzt, denn sonst könnten Sie die Grenze wahrnehmen. Es ist also absolutes Sein, nicht beschränkt durch Zeit, Raum und Bedingtheit. Da Sie sich dieses Seins bewusst sind, handelt es sich um bewusstes Sein, also Bewusstsein, im Sanskrit »Chit« genannt.

Fehlt noch »Ananda«, im Sanskrit die »Freude«. Sie leitet sich nicht aus logischem Denken und Beobachtung ab, sondern aus der Erfahrung, und zwar aus der Erfahrung, ganz Ich zu sein. Wenn Sie ganz bei sich selbst sind, erfahren Sie sich als unbegrenzt und voller Freude. Für dieses ganz besondere Glücksgefühl, das uns Raum, Zeit und auch Anstrengung vergessen lässt, hat die moderne Psychologie den Begriff »Flow« erfunden.

Die Sehnsucht nach dieser Freude steckt tief drinnen in jedem von uns und ist unser innerster Antrieb. Wir streben letztlich immer danach, unser unsterbliches Selbst zu erfahren. Wenn Sie sich dieser inneren Basis bewusst sind, ist es viel einfacher, gegenüber Alltagsproblemen gelassen zu bleiben: Es sind nur Kleinigkeiten im Verhältnis zu Ihrem großen Ziel, der Erfahrung von Bewusstsein und Glückseligkeit.

Achtsamkeit und Schönheit als Helfer Wenn Sie Ihr unsterbliches Selbst erfahren möchten, hilft es sehr, immer wieder für einige Minuten die eigene Achtsamkeit zu erhöhen und aufmerksam zu sein für alles, was zu spüren ist. So wie es in der Ausdehnungsübung unten beschrieben ist.
»Gott ist das Wahre, das Gute und das Schöne.« Dieser Spruch aus den Upanishaden, einer philosophischen Schriftensammlung der Hindus, weist einen weiteren Weg zur Freude, zum Flow: Öffnen Sie sich bewusst für die Schönheit. Überlegen Sie, was Schönheit für Sie bedeutet, und nehmen Sie sie ganz bewusst wahr. Öffnen Sie Ihr Herz für die Schönheit. Denn Schönheit erzeugt Freude und Liebe.

Ausdehnungsübung: Erfahre Sat, Chit, Ananda

Lege dich auf eine Matte oder dein Bett. Atme tief und ruhig, spüre in dich hinein. Dann spüre jeweils für einige Minuten nach links, nach rechts, nach vorne, nach hinten, nach oben, nach unten, in alle Richtungen. So dehnst du aktiv dein Sein aus.
Mache dir bewusst und spüre, dass du mit dem universellen Bewusstsein verbunden bist. Spüre die Grenzenlosigkeit des

Bewusstseins. Steigere deine Achtsamkeit, und sei ganz in diesem Moment. Sei ganz bewusst im Hier und Jetzt, und sei dir bewusst: Es ist voller Freude.

In dem Moment, wo deine Bewusstheit intensiver und unbedingt ist, also sich nicht auf etwas Begrenztes konzentriert, bist du Ananda, unendliche Freude.

Diese Übung können Sie auch im Stehen, Gehen oder Sitzen machen, in jeder Lebenslage, in der Sie sich nicht auf eine andere Tätigkeit besonders konzentrieren müssen. Probieren Sie sie anfangs ganz in Ruhe aus. Später kann sie helfen, an anstrengenden Tagen ein Stück innere Freiheit und damit neue Kraft zu gewinnen oder in belastenden Situationen etwas Distanz zur Situation und damit mehr Gelassenheit zu erreichen.

Karma Yoga: Alles Leben ist Schule

Wörtlich übersetzt heißt »Karma« »Handlung«. Deshalb wird der Karma Yoga auch »Yoga der Handlung« genannt. Dabei umfasst das Wort »Karma« nicht nur die Handlung selbst, sondern auch die Folgen der Handlung. Deshalb wird Karma auch als das Gesetz von Ursache und Wirkung bezeichnet. Nach diesem Gesetz ist alles, was wir jetzt tun, die Ursache für eine zukünftige Wirkung, und alles, was jetzt geschieht, ist die Wirkung eines früheren Tuns.

So kompliziert und mystisch, wie es klingt, ist es gar nicht: Sie lesen dieses Buch jetzt. Das ist die Wirkung meines früheren Tuns, nämlich dieses Buch zu schreiben. Was dieses Lesen bei Ihnen auslöst, kann ich nicht wissen. Vielleicht finden Sie, dass alles, was Sie hier lesen, Quatsch ist, und pfeffern das Buch in die Ecke. Die Folgen können Sie sich selbst ausmalen. Vielleicht – oder hoffentlich – probieren Sie einiges von dem, was Sie hier lesen, aus und werden etwas gelassener. So oder so: Sie können durch Ihr jetziges Handeln die Zukunft beeinflussen.

Karma, Schicksal und der Sinn des Lebens

Wenn Sie die Gesetze des Karmas verstehen, können Sie dem Schicksal gegenüber gelassener sein. Schicksal ist das, was uns als Lektion geschickt worden ist, damit wir innerlich wachsen und uns weiterentwickeln. Schicksal ist also eine Chance, und das Leben ist eine Schule. Dabei gehören Karma und Reinkarnation gedanklich eng zusammen. (Selbst wenn Sie nicht an Reinkarnation glauben, kann Ihnen das folgende Modell vom fünffachen Sinn des Lebens zu mehr Gelassenheit verhelfen. Nehmen Sie es einfach als Arbeitshypothese.) Das Karma bestimmt die Abläufe der unzähligen verschiedenen Leben, die wir haben. In jedem Leben gilt es, seinen fünffachen Sinn zu erfahren:

1. Erfahrungen machen
2. Kräfte und Fähigkeiten entfalten
3. Lernen und wachsen
4. Etwas in der Welt bewirken, die eigene Mission erfüllen
5. Spirituelle Verwirklichung erfahren

Das Karma ist wie ein Lehrplan: Im Verlauf aller unserer Leben müssen wir jede wichtige menschliche Erfahrung machen. Genau wie bei einem Schulkind, das nicht gerne rechnet, aber trotzdem den ganzen Mathematiklehrplan mit den anderen Schülern durcharbeiten muss, nützt die Frage »Warum ich?« nichts. Es gibt Aufgaben, die nicht schön sind, uns keinen Spaß machen, uns sogar leiden lassen. Trotzdem müssen wir sie bewältigen, weil sie zum menschlichen Dasein dazugehören.

Durch den Sinn des Lebens zu mehr Gelassenheit

Dieses Modell vom fünffachen Sinn klingt zunächst sehr theoretisch. Doch es lässt sich problemlos im Alltag anwenden, bei Ereignissen, die uns aus der Ruhe bringen. Dies will ich an einem Beispiel verdeutlichen. Sie haben Geld investiert und verlieren durch einen Börsencrash sehr viel davon. Überlegen Sie, welche Erfahrung Sie machen (der erste Sinn des Lebens): Machen Sie sich also den Verlust und alle damit verbundenen Gefühle und Konsequenzen bewusst. Gemäß dem zweiten Sinn des Lebens müssen Sie nun aktiv werden und Ihre Fähigkeiten entfalten, statt sich auf Ihren Ersparnissen auszuruhen. Dritter Sinn des Lebens: Was haben Sie daraus gelernt? Vielleicht, dass es keine materielle Sicherheit gibt? Oder dass Sie zu wagemutig spekuliert haben? Oder dass es Ihnen verglichen mit anderen immer noch sehr gut geht? Viertens – etwas bewirken: Vielleicht gründen Sie eine Selbsthilfegruppe für Menschen in ähnlicher Situation, die aber nicht so gut damit umgehen können wie Sie. Fünftens: Was hat das Ganze zu Ihrer spirituellen Verwirklichung beigetragen? Haben Sie sich zu sehr mit dem Geld identifiziert? Haben Sie auf ärmere Menschen hinabgeschaut?

Schon dieses detaillierte Nachdenken über Ihren Schicksalsschlag hilft Ihnen, das Ganze gelassener zu sehen.

Allein das Wissen, dass alles, was auf uns zukommt, einen Sinn hat, weil es zu unserer Entwicklung beiträgt, macht schon gelassener. Übrigens dürfen auch Trauer, Ärger und Wut gelegentlich ihren Platz in unserem Leben haben.

Ausweichen bringt nichts Das Ziel unseres Lebens ist die Verwirklichung des Selbst, die Erfahrung von allumfassendem Bewusstsein und Glückseligkeit, die Erleuchtung. Der Weg dahin ist unser Schicksal mit unseren Lernaufgaben. Wir müssen nicht jede Lektion sofort annehmen, aber langfristig bringt Ausweichen nichts, denn die Aufgaben kommen später wieder. Es ist wie eine Wiederholungsprüfung in der Schule, wenn jemand bei der normalen Klassenarbeit nicht teilgenommen hat.

Ausweichen kann auch dazu führen, dass die Aufgabe schwieriger wird: Wer etwa bei einem Partnerschaftskonflikt das klärende Gespräch scheut, muss vielleicht später damit leben, dass sich der Partner trennt.

Leben Sie dagegen sehr bewusst und achtsam, werden Sie auf vielen Ebenen lernen und wachsen – und schneller Ihr Lebensziel erreichen.

Spirituell entscheiden macht gelassener Jeder von uns steht immer wieder vor Entscheidungen, die ihm nicht leichtfallen. Das Grübeln und Hin-und-her-Schwanken zwischen zwei oder mehreren Möglichkeiten bringt

Karma Yoga: Alles Leben ist Schule

uns nicht nur aus der Gelassenheit, sondern sogar um den Schlaf. Karma Yoga kann in dieser Situation weiterhelfen, denn Entscheidungsfindung ist eines der Hauptthemen in der Bhagavad Gita, einer der wichtigsten Yoga-Schriften. Krishna empfiehlt darin folgende Schritte:

1. Betrachten Sie Ihre Situation und alles, was für die Entscheidung wichtig ist.
2. Was bedeutet das für Ihre Lernaufgabe? Was und wie können Sie in dieser Situation lernen?
3. Wie können Sie daran wachsen? Welche Fähigkeiten können Sie entwickeln?
4. Wie können Sie dadurch Gutes bewirken? Im Zweifel gilt immer der Grundsatz »Nichtverletzen ist die höchste Pflicht«, es sollte also niemand durch Ihre Entscheidung zu Schaden kommen. (Lässt sich das nicht vermeiden, ist die Möglichkeit mit dem geringsten Schaden zu wählen.)
5. Wie können Sie Ihre Fähigkeiten optimal einsetzen?
6. Was sagt Ihr Herz dazu? Gebete und Meditationen können helfen, das herauszufinden.
7. Entscheiden Sie sich, und bringen Sie die Entscheidung Gott dar.

Wenn Sie sich nach bestem Wissen und Gewissen entscheiden, ist keine falsche Entscheidung möglich. Wenn Sie sich dessen bewusst sind, können Sie auch mit schwierigen Entscheidungen gelassen umgehen.

DIE SECHS WEGE DES YOGA UND DIE GELASSENHEIT

Es gibt keine falschen Entscheidungen
Die Tatsache, dass unsere Entscheidungen manchmal nicht den gewünschten Erfolg haben, heißt nach dem Gesetz des Karmas nicht, dass die Entscheidung falsch war. Es bedeutet nur, dass wir genau diese Erfahrung des Scheiterns machen und daraus lernen sollten. Wir können sogar dankbar sein für den Misserfolg, denn diese Lektion haben wir dann schon hinter uns. Sind Sie sich dessen bewusst, können Sie auch eine Fehlentscheidung gelassen hinnehmen.

Tipps zur Entscheidungsfindung

Folgende Hinweise können es Ihnen zusätzlich erleichtern, sich zu entscheiden:

Bitten Sie Gott um Führung und Rat. Sprechen Sie konkret mit ihm, sagen Sie ihm, wozu und bis wann Sie eine Entscheidung treffen müssen, und warten Sie ab, was passiert. Vielleicht träumen Sie etwas Passendes oder haben plötzlich ein tiefes Gefühl für das Richtige.

Gibt es eine dritte Möglichkeit? Wenn Sie sich zwischen zwei Alternativen nicht entscheiden können, kann etwas anderes genau das Richtige sein. Öffnen Sie sich innerlich dafür, und suchen Sie auch aktiv danach.

Wie fühlen Sie sich mit den Alternativen? Stellen Sie sich jede Entscheidungsmöglichkeit mit ihren Folgen ganz genau vor, und spüren Sie, wie Sie sich dann fühlen würden. Stellen Sie sich dann vor, wie Sie sich jeweils fühlen würden, wenn es eine Fehlentscheidung wäre. Oft ist danach die Entscheidung klar.

Karma Yoga: Alles Leben ist Schule

> *Gibt es einen Zwischenschritt?* Gerade bei Entscheidungen für große Projekte kann es sehr hilfreich sein, zuerst kleinere Ziele in dieser Richtung zu finden und umzusetzen. So können Sie prüfen, ob Ihr großes Vorhaben wirklich realistisch ist und zu Ihnen passt.
>
> *Eine Nacht drüber schlafen.* Weitreichende Entscheidungen sollten nicht spontan gefällt werden. Wenn Ihre Entscheidung Sie am nächsten Tag immer noch überzeugt, ist es meist die richtige.
>
> *Berücksichtigen Sie Ihr Bauchgefühl.* Untersuchungen haben längst gezeigt, dass rein vernunftbezogene Entscheidungen oft schlechter sind als Bauchgefühlsentscheidungen. Deswegen sollten Sie Ihr Bauchgefühl, Ihre Intuition, nicht ignorieren, sondern als Kriterium heranziehen.

Zeiten der Ungewissheit bewusst leben

In jedem Leben finden irgendwann Umbrüche statt, und wir müssen uns erst wieder neu sortieren und neue Routinen entwickeln. Typische Auslöser dafür sind Arbeitslosigkeit, Trennungen, Todesfälle, der Auszug der Kinder, die Midlife-Crisis. Alles erscheint plötzlich ungewiss, und oft wissen wir nicht, was wir machen sollen. Gelassenheit zu bewahren ist trotzdem möglich, wenn Sie sich bewusst machen, dass gerade diese Zeiten der Ungewissheit ein besonderes Geschenk des Schicksals sind: Es sind Phasen großer Bewusstwerdung! Sie haben nicht nur etwas verloren, sondern gewinnen auch einen Strauß voller neuer Möglichkeiten!

Genießen Sie diese Zeit der geistigen Bewusstheit, und fragen Sie sich voller Neugier: »Wer bin ich? Was will ich? Was sind meine Aufgaben?«

Gelassenheit gegenüber Schicksalsschlägen und Leid

Wenn ein geliebter Mensch stirbt oder an einer tödlichen Krankheit leidet, wenn wir uns des Unrechts und des Leidens in der Welt stark bewusst werden, dann drängt sich die Frage nach dem Sinn auf, nach dem Warum: Warum gibt es so viel Leid, wenn Gott Liebe ist?

Mit Vernunft und Logik finden wir darauf keine Antwort, wohl aber mit Blick auf das Karma. Aus Sicht des Karma Yogas kommt genau das auf uns zu, was wir brauchen, um zu wachsen. Dabei geht es nicht um Lob oder Strafe durch gute oder schlechte Erlebnisse, sondern darum, im Laufe der vielen Leben irgendwann alle Erfahrungen gemacht zu haben. Ein Leben voller Leid mag zwar vordergründig schwierig erscheinen, ermöglicht aber sehr wertvolle Erfahrungen.

Leid ist nur ein Moment

Viele Menschen werden durch diesen Gedanken des Karma Yogas – Leid ist nur ein Moment – getröstet und dadurch gelassen. Doch was ist damit gemeint? Stellen Sie sich das Karma als eine sehr, sehr, sehr lange Zeit mit sehr vielen Leben vor. Wenn Sie Ihr eigenes Leben vor diesem Hintergrund von Tausenden von Jahren betrachten, erscheint es plötzlich wie eine Minute innerhalb eines Tages. Ein Leben voller Leid schrumpft vor diesem Hintergrund zu einer winzigen Zeitspanne zusammen und verliert an Bedeutung.

Karma Yoga: Alles Leben ist Schule

Es ist ähnlich wie mit den starken Zahnschmerzen, die Sie hatten. Wann war das noch? Sehen Sie: Sie haben die Zahnschmerzen im Grunde schon vergessen. Sie waren zwar damals schrecklich, aber inzwischen sind sie unwichtig. Nur die Lehre, die Sie daraus gezogen haben, ist geblieben: die Zähne regelmäßig zu putzen und zur Vorsorge zu gehen. Genau so ist es mit unserem einen kleinen Leben in der langen Reihe von Leben, die schon waren und noch kommen. Leid und Ungerechtigkeiten gehören zum Lehrplan des Lebens dazu. Wir nehmen die Erfahrung im Unterbewusstsein mit, aber an die konkreten Ereignisse können wir uns oft nicht erinnern.

Gelassenheit gegenüber eigener Schuld

Ein schlechtes Gewissen oder das Gefühl, an etwas Schlimmem schuld zu sein, kann Menschen seelisch sehr belasten und aus ihrer Gelassenheit bringen. Das liegt in unserer westlichen Zivilisation vor allem daran, dass Schuld im Christentum ein tief verwurzeltes Konzept ist, das selbst bei Ungläubigen heute immer noch wirkt. Gleichzeitig werden aber die christlichen Vergebungsmechanismen wie Buße, Beichte, Vertrauen auf Gottes Gnade und Vergebung von vielen Menschen nicht angenommen. Sie finden nicht mehr wie früher durch die Kirche Erlösung von ihren Schuldgefühlen.

Aus der Sicht des Jnana Yoga sind Schuldgefühle eine Identifikation, die es loszulassen gilt: Sie sind nicht Ihre Schuldgefühle oder Ihr schlechtes Gewissen.

Aus der Sicht des Karma Yoga ist es unvermeidbar, dass wir anderen Menschen oder Lebewesen Leid zufügen. Denn unser Leben ist eine Schule, es ist nicht perfekt. (Wäre es perfekt, wären wir erleuchtet.) Außerdem gilt vom Karma-Standpunkt her, dass wir anderen nur das zufügen können, was bereits in ihrem Karma vorhanden ist. Wir sind in solchen Fällen Instrument des Karmas.

Ich empfehle, den entstandenen Schaden wiedergutzumachen. Ist das nicht möglich, empfehle ich, zum Ausgleich etwas anderes Gutes zu tun, ob durch aktives Helfen, gemeinnütziges Engagement oder eine Spende für eine gute Sache. Außerdem hilft es, Gott, das Universum oder an was immer man glaubt, um Vergebung zu bitten.

Umgang mit der Schuld anderer

Auch wenn es schwerfällt, sich das bewusst zu machen: Alles, was bisher gesagt wurde, gilt vom Prinzip her auch für den umgekehrten Fall, also für den Umgang mit jemandem, der uns Leid zugefügt hat. Er war vom Karma als Instrument für eine unserer Lebenslektionen vorgesehen. Er hat uns etwas Schlimmes angetan, aber genau das war für unsere Entwicklung wichtig. Deshalb wären Dankbarkeit, Mitgefühl und Gebet angebracht. Ich schreibe »wären«, weil das normalerweise zunächst nicht funktioniert. Wut oder Verzweiflung sind oft die Gefühle, die uns nach einer schlimmen Erfahrung, nach einem Trauma beherrschen. Sie wegzuschieben oder zu ignorieren, wäre nicht gesund. Sie für eine Weile zuzulassen und bewusst zu erleben, ist auch eine Aufgabe, die unser Karma für uns vorgesehen hat. Wer es schafft, diese Gefühle mittel- oder langfristig in Vergebung und Liebe umzuwandeln, hat eine der schwierigsten karmischen Lektionen bewältigt.

Bhakti Yoga: Alles ist göttlich

Gott, göttliche Mutter, höhere Intelligenz, höheres Selbst, göttliche Wirklichkeit, Gottvater, Jesus, Allah, Krishna, Durga, Buddha, Jehova, Manitu – das sind nur einige Namen für eine höhere Wirklichkeit, die uns führt. Für mich – und für meine Rückschlüsse zur Gelassenheit – ist es nicht bedeutend, wie jemand seine höhere Wirklichkeit nennt. Ich nenne sie im Folgenden der Einfachheit und Kürze halber Gott, meine damit aber auch alle anderen Ausprägungen höherer Wirklichkeit.

Klar ist: Wer an Gott glaubt, hat es leichter im Leben, denn er hat damit eine Richtschnur, an der er sich orientieren kann. Im Bhakti Yoga, auch »Yoga der Hingabe und des Herzens« genannt, bringt der Gläubige alles Gott dar, und zwar einem liebenden Gott. Es gibt keinen zürnenden, strafenden oder rachsüchtigen Gott im Bhakti Yoga.

Indische Mythologie der Götter

Im Hinduismus gibt es – ähnlich wie in der griechischen Mythologie – nicht nur einen einzigen allumfassenden Gott wie im Christentum, sondern zahlreiche Göttinnen und Götter. Sie haben jeweils bestimmte Fähigkeiten und sind für einen Bereich zuständig, so ist Vishnu der Bewahrer des Lebens, Lakshmi ist die

> Göttin der Schönheit und des Glücks, Saraswati ist die Göttin der Gelehrsamkeit und der Künste.
> Sie erscheinen in den Mythen sehr menschlich und entsprechend fehlerbehaftet, so dass sich mancher wundern mag, wie so jemand ein Gott sein kann. Tatsächlich stehen sowohl die indischen als auch die griechischen Götter für einzelne Aspekte des Geistes und damit Gottes. Sie alle sind Manifestationen des einen Göttlichen.

Die Welt ist nicht böse

Laut Bhakti Yoga wirkt Gott durch alles, und alles, was ist, kommt von Gott, auch unsere Begabungen und unsere Fehler. Wer an Gott glaubt, weiß, dass hinter allem Gott steht, dass er selbst nur Gottes Werkzeug ist und Gott die Verantwortung hat. Die Menschen um uns herum sind nicht bösartig und verhindern unser Glück, sondern Gott schickt uns solche Menschen als Lernaufgaben, er wirkt durch sie. Genau wie er auch durch uns wirkt – selbst wenn wir etwas getan haben, was uns ein schlechtes Gewissen bereitet.

Swami Vishnu-devananda, der Yoga-Meister, bei dem ich gelernt habe, zitierte dazu den 66. Vers aus dem 18. Kapitel der Bhagavad Gita: »Bringe alles Gott dar, egal ob du es für gut findest oder weniger gut findest. Wenn du alles Gott darbringst, dann wird Gott das alles zurechtrücken, du brauchst dir keine Sorgen zu machen, Gott wird alle deine Fehler beseitigen.« Wir brauchen also kein schlechtes

Bhakti Yoga: Alles ist göttlich

Gewissen zu haben oder uns schuldig zu fühlen. Die Hingabe zu Gott löst das Problem von Schuld und Sühne.

Gott hat Sie gewählt

Wenn Sie an eine Form von Gott glauben und sich bewusst machen, dass diese höhere Wirklichkeit durch Sie wirkt, dann können Sie sehr gelassen leben. Sie brauchen keine Angst vor neuen Aufgaben und neuen Situationen zu haben, sondern können sicher sein, dass Sie genau jetzt an der richtigen Stelle stehen: Wenn Gott gewollt hätte, dass es jemand Besseres macht, hätte Gott ihn oder sie geschickt. Dieser Satz, den mir eine Yoga-Lehrerin sagte, als ich achtzehn war, begleitet mich bis heute und macht mir Mut in Situationen, in denen ich meine, nicht gut genug, nicht qualifiziert genug zu sein oder zu wenig Zeit zu haben. Dieser Satz hat etwas Befreiendes, denn er nimmt die Zweifel und macht dadurch gelassen. Die Gelassenheit, die uns das Gottvertrauen schenkt, ist nicht nur voller Freude und Liebe, sondern auch voller Engagement und Bejahung.

Regelmäßige Gebete zu Gott fördern die Verbindung und das Vertrauen in diese höhere Wirklichkeit. Dabei bleibt es Ihnen überlassen, wie Sie zu Gott beten und mit ihm bzw. ihr sprechen. Das folgende Bhakti-Yoga-Gebet ist nur eine von vielen möglichen Formen.

Bhakti-Yoga-Gebet

»Was auch immer geschieht, Du bist es. Was auch immer passiert, es ist Dein Wille. Was auch immer ich erfahre, es ist Deine Aufgabe an mich. Du manifestierst Dich durch meine Mitmenschen, durch alles, was geschieht. Lass mich Dich spüren. Lass mich Dich annehmen.«

Das Gebet kann noch weitergehen: »Was auch immer ich tue, ich bringe es Dir dar. Du bist allmächtig, allwissend, allgegenwärtig. Wirke Du durch mich. Ich bin Dein Diener. Ich weiß, wenn Du jemanden hättest, der geeigneter wäre als ich, dann hättest Du ihn an meine Stelle gestellt. Du wirkst auch durch meine Unvollkommenheiten. Du bist der Autor des kosmischen Dramas. Oh, Du manifestierst Dich im kosmischen Drama. Bitte lass mich Dich bewusst spüren. Auch ich bin Teil dieses Dramas. Lass mich meinen Part so spielen, wie Du es willst. Dein Wille geschehe, ich bringe Dir alles dar.«

❦ Raja Yoga: Alles ist Geist ❦

Der psychologischste aller Yoga-Wege ist Raja Yoga, auch »Yoga der Psyche und der Meditation« genannt und unter dem Begriff Ashtanga Yoga bekannt. Er nimmt vieles von dem vorweg, was heutzutage in der angewandten Psychologie und Verhaltenstherapie als moderne Methoden gilt. Gerade seine Hinweise zu mehr Gelassenheit sind auch für Menschen, die sonst nichts mit Yoga am Hut haben, leicht nachzuvollziehen und anzuwenden. Deshalb widme ich dem Raja Yoga nicht nur den meisten Platz in diesem Buch, sondern er war sogar namensgebend: Das Sanskritwort »Raja« bedeutet »König, Herrscher«, »Yoga« heißt »Einheit, Vereinigung, Harmonie«, Raja Yoga ist also der königliche Weg des Yoga, und zwar in dem Sinne, dass wir lernen, unseren Geist zu beherrschen.

Für mich ist Raja Yoga der Königsweg zur Gelassenheit. Deshalb habe ich mich über Jahre intensiv damit beschäftigt und dabei das Modell der Konferenz des Königs mit seinen Ministern entwickelt. Es ist einfach anzuwenden und hat sich als sehr wirksam erwiesen.

Da Gelassenheit nicht gleich Gelassenheit ist, sondern je nach Temperament für jeden Menschen durchaus etwas anderes bedeuten kann, werde ich auch ausführlicher auf die Temperamente im Ayurveda eingehen. Denn alles, was ich an Tipps und Hinweisen gebe, ist natürlich viel wirksamer, wenn es zielgerichtet mit Blick auf die eigenen Anlagen eingesetzt wird. Sonst verschwenden beispielsweise Powertypen Zeit und Energie, um stoisch ruhig zu werden. Dabei arbeiten sie ständig gegen ihre eigene Natur an und könnten die Energie an anderer Stelle viel besser brauchen. Im Raja Yoga geht es darum, im Einklang mit dem eigenen Temperament engagierte Gelassenheit zu erreichen.

> ### Die Wurzeln des Raja Yoga
> Raja Yoga hat drei Ursprünge: Er geht zurück auf das von Kapila entwickelte Sankhya-System, auf das Yoga-Sutra von Patanjali – beide entstanden vermutlich vor etwa 1600 Jahren – und auf die Vedanta-Psychologie, wie sie Adi Shankara vor etwa 1200 Jahren in seinen Schriften beschreibt. Dieser große Yoga-Meister verfasste auch einen Kommentar zum Yoga-Sutra und verschmolz dabei die Terminologien des Sankhya mit dem Vedanta. Der Ausdruck »Raja Yoga« wird erst seit etwa 600 Jahren verwendet, als er in der Hatha-Yoga-Pradipika auftauchte, der klassischen Yoga-Schrift des Swami Svatmarama.

Das Raja-Modell des Geistes

Raja Yoga basiert auf einem sehr positiven Menschen- und Weltbild, das uns allein schon gelassen gegenüber allen Situationen des Lebens machen könnte:

- Wir sind unendliches Bewusstsein.
- Alles in uns ist gut.
- Unser Leben ist sinnvoll.

Raja Yoga: Alles ist Geist

Damit wir diesen Sinn erfüllen können, haben wir ein äußeres und ein inneres Werkzeug, nämlich unseren Körper (Bahirkarana) und unsere Psyche (Antahkarana) mit verschiedenen Fähigkeiten. Beides sollen wir geschickt zur Erfüllung unserer Aufgaben einsetzen. Laut Raja Yoga haben wir, haben Sie im Leben fünf Hauptaufgaben:

1. Machen Sie Erfahrungen.
2. Lernen Sie bewusst.
3. Entfalten Sie Ihre Kräfte.
4. Bewirken Sie etwas in der Welt.
5. Erfahren Sie Ihre wahre Natur, also Ihr unendliches Bewusstsein.

Die fünf Aufgaben werden im Raja Yoga auch der fünffache Sinn des Lebens genannt.

Antahkarana: Das innere Werkzeug geschickt nutzen

Unser Inneres, unsere Psyche, im Raja Yoga »Antahkarana« genannt, ist unser Werkzeug, mit dem unser unsterbliches Selbst (Atman) Erfahrungen in der Welt machen kann. Doch schon die indischen Gelehrten wussten, dass die Psyche recht komplex ist, und unterschieden vier Teile:

1. Ahamkara ist das Ego, das sich immer wieder identifiziert.
2. Buddhi ist der Intellekt, Wille, die Vernunft, Urteilskraft, also die Führungspersönlichkeit, der König, Raja.

3. Manas ist das bewusste Denken, Fühlen und Wahrnehmen – das, was dir bewusst wird, wenn du dein Denken und Fühlen beobachtest.
4. Chitta, das Unterbewusstsein, also Gedächtnis, Wünsche, Ängste, Fähigkeiten, Motive. Chitta ist auch die Ebene der Minister, auf die ich ab Seite 82 zu sprechen komme.

Wie diese vier Ebenen konkret zusammenhängen, verdeutlicht das folgende Beispiel.

Schokokuchen – ja oder nein?
Sie sind – ohne Hunger zu haben – einkaufen und sehen Ihren Lieblingsnaturkostladen. Die physische Welt macht sich über Sinneswahrnehmung in Ihrem bewussten Denken und Fühlen, Manas, bemerkbar. Fast im gleichen Moment haben Sie den Wunsch, sofort den leckeren Schokokuchen zu essen, den Sie beim letzten Mal dort gekauft haben. Dieser Wunsch kommt aus dem Unterbewusstsein, Chitta. Sie wenden sich dem Laden zu, da sagt eine innere Stimme: »Du bist satt, und du wirst zu dick. Auch Bio-Schokokuchen hat viele Kalorien.« Jetzt beginnen Sie zu überlegen: »Schokokuchen: ja oder nein?« Nun kommt Ahamkara, Ihr Ego, ins Spiel: Womit identifizieren Sie sich, mit »Ich will schlank bleiben« oder mit »Ich will Schokokuchen«? Oft entscheiden wir spontan in Richtung der stärkeren Identifikation.
Es geht aber auch anders: Schalten Sie Buddhi ein, treten Sie innerlich einen Schritt zurück, und nehmen Sie Ihre Identifikation wahr: »Ich bemerke den Wunsch nach Scho-

Raja Yoga: Alles ist Geist

kokuchen. Er ist Ausdruck des Wunschs, etwas Schönes, einen Genuss zu erleben. Er ist auch Ausdruck des Wunschs, sich zu ernähren. Ich bemerke außerdem den Wunsch nach Gesundheit.« Machen Sie sich bewusst: Sie sind nicht diese Wünsche, Sie sind unsterbliches Selbst, Atman. Nehmen Sie damit Kontakt auf. Schauen Sie sich dann die Wünsche genau an, und entscheiden Sie sich, indem Sie Buddhi als Führungspersönlichkeit, als Raja, also als König, in Ihrem Inneren wirken lassen.

Entscheiden Sie sich nicht nur für oder gegen den Schokokuchen, sondern entscheiden Sie sich auch, den verschiedenen Anteilen Ihres Unterbewusstseins zu danken, dass diese sich so für Ihr Wohlbefinden einsetzen – jeder auf seine eigene Art. Das ist wichtig, weil es darum geht, diese Teile bewusst wahrzunehmen und nicht zu unterdrücken. Unterdrückte Anteile des Unterbewusstseins kommen nämlich oft zu einem späteren Zeitpunkt umso heftiger wieder an die Oberfläche.

Übung

Betrachte deine eigenen Entscheidungen – am besten zunächst die einfachen –, und mache dir den Ablauf bewusst, der ja tatsächlich meist in Sekundenschnelle passiert: Welche Sinneswahrnehmung (Manas) hat im Unterbewusstsein (Chitta) ein Bedürfnis ausgelöst? Wie stark hat sich dein Ego (Ahamkara) damit identifiziert? War Buddhi an der Entscheidung beteiligt? Beobachte einige Male den

Entscheidungsprozess, und versuche dann bewusst, Buddhi, deine Vernunft, entscheiden zu lassen.

※ ※ ※

Die feinstoffliche Welt berücksichtigen Das Modell des Raja Yoga umfasst nicht nur die menschliche Psyche, sondern auch die feinstoffliche Welt. Denn jeder Mensch hat – ob bewusst oder unbewusst – auch feinstoffliche, also außersinnliche Wahrnehmungen. Banaler ausgedrückt können Sie es auch »Intuition« nennen. Gerade bei schwierigen Entscheidungen sollte die Intuition berücksichtigt werden, denn erst dann fühlt sich eine Entscheidung »rund« oder richtig an. Befragen Sie vor einer Entscheidung also nicht nur die einzelnen Anteile des Chitta, sondern spüren Sie auch in die Situation und die daran beteiligten Menschen hinein.

Eine andere feinstoffliche Ebene ist die Kraft Ihrer Gedanken: Sie können Ihre Gedanken oder auch Wohlwollen zu den beteiligten Menschen schicken oder sich die Situation ganz genau vorstellen und so auf dieser feinen Ebene auf die Menschen und die Situation einwirken. Falls Sie meinen, das klappt bei Ihnen nicht, wird es zumindest Ihre innere Klarheit verbessern und Ihre Intuition stärken.

Die höchste Ebene, die Sie kontaktieren können, ist das höhere Selbst, Atman, Gott. Auch dort können Sie um Führung bitten. Gerade bei nachhaltigen Veränderungen ist es gut, alle diese Möglichkeiten einzubeziehen, um eine Entscheidung zu treffen, die langfristig trägt.

Das Königreich der Psyche

Raja Yoga als Yoga der Geisteskontrolle ist kein Yoga-Weg, der Ihnen schnell die vollständige Herrschaft über den Geist geben wird. Das ist ein häufiger Irrtum. Viele Menschen probieren das Jahre und Jahrzehnte, um festzustellen, dass die Fortschritte gar nicht so groß sind. Raja Yoga ist stattdessen der geschickte Umgang mit dem Geist, mit der Psyche, mit dem Gemüt, also mit Antahkarana, unserem inneren Werkzeug. Raja Yoga ist die Koordination der eigenen Fähigkeiten.

Ähnlich wie eine Führungspersönlichkeit mit ihren Mitarbeitern umgeht, so lernt der Raja Yogi, mit seinen inneren Fähigkeiten, die sich vor allem im Chitta verbergen, möglichst geschickt umzugehen und sich als Buddhi, als Steuerungsinstanz, zu etablieren. So kann er seine inneren Anteile aus dem Unterbewusstsein, dem Chitta, ins Manas bringen, also in das bewusste Fühlen und Denken. Das ist die Chance, sich von Identifikationen, Ahamkara, zu lösen. Jetzt kann der Raja Yogi sagen: »Und hinter all dem bin ich Atman, das unsterbliche Selbst. Alles, was ich in mir habe, ist Antahkarana, mein inneres Werkzeug. Ich kann mich davon lösen.«

Dabei ist die Psyche mit all ihren Facetten das Königreich, über das wir weise als Raja, als König, herrschen sollten. Das bedeutet: Es soll allen Untertanen gut gehen, ihre Fähigkeiten werden koordiniert und sollen sich weiterentwickeln. Außerdem soll sich das Königreich im Ganzen weiterentwickeln und in friedlicher Harmonie mit seinen Nachbarn leben.

DIE SECHS WEGE DES YOGA UND DIE GELASSENHEIT

Ein König braucht Minister Diese vielen Aufgaben kann kein König allein bewältigen, denn das Königreich Psyche ist so groß, dass wir nicht jederzeit überall die Kontrolle haben können. Wir sind dabei auf die Hilfe unserer Fähigkeiten, unserer Minister, angewiesen. Ein wichtiger Unterschied des Königreichs Psyche zu einem realen Königreich ist, dass wir keinen Minister kündigen oder entlassen können: Wir müssen sie alle behalten, mit ihnen leben und umgehen lernen. Ein guter und effektiver Weg, auch mit den schwierigen Ministern umzugehen, ist die Ministerkonferenz, die ich gleich erläutern werde.

Außerdem gilt: Jeder Minister meint es gut. Leider wird das nicht immer sofort deutlich, weil mancher Minister sich ungeschickt bemerkbar macht.

Die meisten Menschen sind nicht wirklich Könige in ihrem Königreich, sondern Spielbälle des Chaos, das in ihrem Inneren herrscht. Raja Yoga will uns lehren, wie wir dort wieder König werden können. Wie das praktisch funktioniert, will ich an einem Beispiel verdeutlichen.

> ### Andere Analogien sind möglich
> Falls Sie mit dem Bild des Königreichs mit König und Ministern nicht so gut zurechtkommen, können Sie auch mit der Metapher der Familie und den Familienmitgliedern arbeiten. Oder Sie nennen Ihre Minister Mitarbeiter, Engel oder was immer für Sie persönlich passt. Auf Seite 111 erläutere ich, wie Sie das Ministermodell für sich passend verändern können.

Raja Yoga: Alles ist Geist

Wieder einmal nicht aufgeräumt

Sie haben mit Ihrem Sohn im Teenageralter ausgemacht, dass er bis abends sein Zimmer aufräumt. Doch nun ist Abend, und das Zimmer ist nicht aufgeräumt. Sie sind wütend, sind ärgerlich, Sie fühlen sich ohnmächtig. Am liebsten würden Sie sofort zu Ihrem Sohn rennen, ihm die Kopfhörer von den Ohren reißen und ihn ausschimpfen. Aber Sie wissen, dass Schimpfen nichts nutzt. Außerdem ist das keine sehr geschickte Erziehungsmethode.

Sie schauen ihn an und sehen, dass er gefrustet ist. Irgendetwas war heute. Doch schnell kommt wieder Ihre Wut. Sie schimpfen mit ihm. Dann bekommen Sie ein schlechtes Gewissen, gehen in die Küche, kochen einen Tee und bringen ihn Ihrem Sohn. Sie umarmen ihn.

Ihr Sohn ist verwirrt und Sie auch. Sie haben ein schlechtes Gewissen, weil Sie geschimpft haben, aber auch weil Sie inkonsequent waren. Schließlich sind Sie wütend auf sich selbst.

Was könnten Sie stattdessen machen? Den Königsweg zur Gelassenheit beschreiten: Der erste Schritt wäre, sich als König oder Königin zu etablieren. Sie machen sich bewusst, diese Situation ist eine Lernaufgabe, an der Sie wachsen können.

Dann spüren Sie in sich hinein: Sie bemerken den Ärger, die Wut. Es ist die Sprache eines Ministers. Sie identifizieren es als Sprache des Polizeiministers. Er will durchsetzen, was ausgemacht war. Dann meldet sich in Ihnen die Erziehungsministerin. Die sagt: »Wie kann ich meinem Sohn geschickt beibringen, sich an Vereinbarungen zu halten und ordentlich zu sein? Das wird er auch künftig im Leben brauchen,

Probleme sind Lösungen

Zur Grundlage des Raja Yogas gehört die These, dass es nichts Schlechtes im Menschen gibt. Diese Behauptung bestätigen die moderne Evolutionsbiologie und -psychologie. Sie untersuchen unser Verhalten im Hinblick darauf, ob es den Menschen über die Jahrtausende geholfen hat, auf dem Planeten Erde zu überleben. Tatsächlich kommen sie dabei immer wieder zu dem Schluss, dass es genauso ist. Manches nämlich, was uns heute Probleme bereitet und aus der Gelassenheit bringt, war früher eine gute, passende Lösung für eine schwierige Situation: Ohne Angst wären die frühen Menschen nicht vorm Säbelzahntiger weggelaufen, er hätte sie gefressen, und es gäbe uns heute nicht. Ohne Ärger wären viele Steinzeitmenschen bei einer ungerechten Verteilung der gemeinsamen Jagdbeute leer ausgegangen und hätten nicht überlebt. Auch die Gier nach Zucker und Fett sowie die Fähigkeit, überschüssige Kalorien als Fett zu speichern und in Zeiten des Hungers zu nutzen, sind zwar in einer Überschussgesellschaft wie der unseren lästig bis schädlich, aber in anderen Gegenden der Welt immer noch nützlich.

In diesem Sinne kann es zu Ihrer Gelassenheit beitragen zu überlegen, ob all das, was Sie an sich selbst stört, oder all das, was Sie an anderen stört, nicht Ausdruck von etwas Gutem war. Wenn Sie ängstlich sind, können Sie Ihrer Angst sicher schon die Spitze nehmen und gelassener werden, indem Sie sich bewusst machen: Das ist

Raja Yoga: Alles ist Geist

> die Angst vorm Säbelzahntiger, aber der Chef hat weder
> schwarzgelbe Streifen noch große Zähne. Sie lächeln?
> Humor ist ein wunderbarer Weg zu mehr Gelassenheit!

sowohl bei der Arbeit als auch in einer Beziehung. Aber ›geschickt‹ heißt, nicht aus Ärger heraus. Ich will ja nicht, dass mein Sohn lernt, auf schwächere Menschen ärgerlich zu reagieren.« Und es meldet sich die Sozialministerin, Frau Fürsorge: »Er hatte halt einen schwierigen Tag, das sieht man ja. Er braucht Liebe.«
Jetzt sind Sie sich der verschiedenen Teile in sich bewusst. Sie sind ihnen nicht mehr ausgeliefert. Sie sind die Steuerungsinstanz, die Königin, der König. Sie können nun mit all diesen Ministern in Kontakt treten und ihnen Beachtung schenken. Sie können alle drei miteinander sprechen lassen. Dann können Sie auch innerlich mit dem anderen Königreich in Kontakt treten: Sie nehmen vom Herzen her Kontakt auf mit Ihrem Sohnemann. Danach lassen Sie die Minister noch einmal sprechen und drücken zum Abschluss der Ministerrunde allen dreien Ihre Wertschätzung aus. Erst dann entscheiden Sie sich, wie Sie geschickt vorgehen können.
Dies ist kein Erziehungsratgeber, sondern ein Ratgeber, um Gelassenheit zu entwickeln. Dafür müssen Sie im ersten Schritt aus dem Gefühl der Ohnmacht und der Wut herauskommen, damit Sie von innen heraus die Erfahrung von Gelassenheit machen. Wie es mit der Erziehung konkret weitergehen soll, können Sie dann in Ruhe und mit Verstand überlegen.

DIE SECHS WEGE DES YOGA UND DIE GELASSENHEIT

Die Grundprinzipien des Königswegs zur Gelassenheit

Das Beispiel hat Ihnen gezeigt, wie der Königsweg zur Gelassenheit funktioniert. Ich will das Prinzip noch einmal verallgemeinert und relativ kurz darstellen, damit Sie es sich gut merken und auf jede Situation anwenden können. Danach gehe ich auf einzelne Aspekte detailliert ein.

Folgende Schritte führen über den Königsweg zur Gelassenheit:

1. Sie atmen tief durch und etablieren sich als König oder Königin. Machen Sie sich klar: Sie sind die Führungspersönlichkeit.
2. Sie werden sich bewusst: Dies ist eine Lernsituation, die Ihr inneres Wachstum fördern wird und deshalb wertvoll ist.
3. Sie hören in sich hinein und identifizieren den Minister, der sich am stärksten bemerkbar macht: Benennen Sie ihn (»Hallo Herr Polizeiminister«). Fragen Sie ihn nach seinem Anliegen und drücken Sie ihm Ihre Wertschätzung dafür aus.
4. Sie hören weiter in sich hinein und identifizieren noch mindestens zwei andere Minister. Auch diese benennen Sie ihrer Funktion entsprechend, fragen nach dem Anliegen (»Frau Fürsorge, was hast du für Tipps?«) und drücken Ihre Wertschätzung aus (»Danke für die wertvollen Informationen, Frau Erziehungsministerin«).
5. Sie berufen eine Ministerkonferenz ein, lassen die Minister miteinander sprechen und befragen sie.
6. Sie nehmen innerlich Kontakt mit der zu lösenden

Raja Yoga: Alles ist Geist

Situation und den beteiligten Menschen auf und versetzen sich in deren Lage.
7. Sie gehen mit diesem Wissen noch einmal in die Ministerkonferenz und fragen ganz konkret: »Was soll ich machen?«
8. Sie wägen alle Aspekte ab und dann handeln Sie. Seien Sie sich dabei bewusst, dass Sie nichts falsch machen können, solange Sie ethisch handeln. Selbst wenn Ihre Entscheidung zu einem Misserfolg führt, ist auch dieser eine wichtige Erfahrung, und Sie werden innerlich etwas daraus lernen.

Mit diesen acht Schritten finden Sie heraus aus der Identifikation mit Ihren Gefühlen und aus der Hilflosigkeit oder Machtlosigkeit, die Sie in manch emotional besetzter Situation empfinden mögen. Dieses Konzept liefert natürlich nicht die Lösung aller Probleme im Äußeren, aber es ist eine Möglichkeit, ihnen sehr viel gelassener gegenüberzutreten. Zur Strukturierung Ihrer Innenwelt ist es bestens geeignet, denn da haben Sie alle Fäden selbst in der Hand.

Es gibt auch viele Situationen, in denen es ausreicht, den lautesten Minister einfach nur zur Kenntnis zu nehmen, über ihn zu schmunzeln und damit zu einer gelasseneren Haltung zu finden. Wenn Sie etwa im Stau stehen und sich ärgern, einen Termin zu versäumen, können Sie sowieso nichts ändern. Lächeln Sie also über den Minister für Pünktlichkeit, der Ihrem Auto am liebsten Flügel wachsen lassen würde, lehnen Sie sich zurück, und genießen Sie die Musik im Radio.

Übung

Erinnere dich an die letzte Situation, in der du dich aufgeregt hast. Überlege, wie du damals gehandelt hast, und stelle dir vor, wie das Ganze verlaufen wäre, wenn du dich als König etabliert und eine Ministerkonferenz einberufen hättest. Spiele es im Geist durch.

Die inneren Minister im Porträt

Nicht alle Königreiche sind gleich. Wie bei realen Königreichen gibt es auch in unserer Psyche einige Minister, die (fast) jeder Mensch hat, und einige, die sehr individuell und nur für manche Menschen von Bedeutung sind. Es sind auch nicht immer alle Minister gleich aktiv. Jeder hat einige Minister, die besonders wichtig sind und sich regelmäßig zu Wort melden, und andere, die nur gelegentlich zum Tragen kommen – je nachdem, welche Motive für uns jeweils wichtig sind.

Es ist hilfreich, seine Minister zu benennen, weil sie dadurch konkreter und greifbarer werden. Die folgenden Minister kennt fast jeder:

1. Ordnungsminister: zuständig für Ordnung, Gerechtigkeit, Prinzipientreue, Umwelt und Ökologie
2. Gemütlichkeitsminister: zuständig für Gemütlichkeit, Vergnügen, Wohlgefühl, Entspannung
3. Gesundheitsminister: zuständig für Gesundheit, Sport, Ernährung, Entspannung

Raja Yoga: Alles ist Geist

4. Verteidigungs- und Vorsichtsminister: zuständig für Selbsterhaltung, Sicherheit, Reputation
5. Finanzminister: zuständig für materielle Sicherheit und finanzielle Absicherung
6. Familienminister: zuständig für Partnerschaft, geselliges Beisammensein, Kinder, Familie, Freundschaft
7. Erziehungsminister: zuständig für die »richtige« Entwicklung der Kinder und auch anderer Menschen
8. Sozial- bzw. Fürsorgeminister: zuständig für Soziales, Nächstenliebe, gesellschaftliches Engagement, zwischenmenschliche Liebe, Mitgefühl und Fürsorge
9. Vernunftminister: zuständig für Wissenschaft, Verstand, Wissen
10. Leistungsminister: zuständig für Wirtschaft, Leistung, Geschwindigkeit, Macht, Erfolg und Einfluss
11. Kreativitätsminister: zuständig für Spontaneität, Kultur und Künste
12. Entwicklungsminister: zuständig für persönliche und spirituelle Weiterentwicklung

Welche Minister haben Sie beim Lesen dieser Liste spontan angesprochen? Das sind vermutlich jene, die für Sie von besonderer Bedeutung sind. Schauen Sie sich daraufhin die Liste noch einmal an und prüfen Sie auch, welche Ministernamen Sie vielleicht ändern wollen, weil sie für Sie nicht stimmig sind. Denn Sie können am besten mit dem Ministermodell arbeiten, wenn Sie mit den Bezeichnungen etwas anfangen können. Vielleicht ist Ihnen Polizeiminister lieber als Ordnungsminister? Vergeben Sie nach Bedarf eigene Namen.

DIE SECHS WEGE DES YOGA UND DIE GELASSENHEIT

Die Sprache der Minister Wut, Ärger, Verzweiflung, Ängste und innere Konflikte – all das sind Ausdrucksformen unserer inneren Minister, mit denen sie versuchen, von uns wahrgenommen zu werden. Sie haben ihre eigene Sprache. Sie kommunizieren durch innere Unruhe, Gefühle, innere Bilder, Gedanken, Muskelanspannung, Körperhaltung, Gesten, Veränderung der Atmung, Schweißausbrüche und sogar psychosomatische Reaktionen wie Kopfschmerzen, Verdauungsprobleme oder Ticks mit uns.

Achten Sie auf all das, indem Sie in sich hineinspüren und zuhören, was Ihre Minister zu sagen haben. Je achtsamer Sie mit sich und Ihren Ministern umgehen, desto weniger werden Sie Ihre Gelassenheit verlieren.

Umgang mit dem Ordnungsminister
»Du solltest«, »Wie kann man nur ...«, so klingt der Ordnungsminister. Er ist sehr oft beteiligt, wenn Sie sich über etwas ärgern. Er achtet darauf, dass Prinzipien und Regeln eingehalten werden, dass es gerecht zugeht und Ordnung herrscht.

Dabei ist es je nach Persönlichkeit höchst unterschiedlich, ob es sich beispielsweise um religiöse Werte, gesellschaftliche Konventionen, ökologische Prinzipien oder politische Richtlinien handelt. Ohne den Ordnungsminister in jedem von uns würde Chaos in der Gesellschaft herrschen.

Er ist also sehr wichtig und machtvoll, darf aber keinesfalls die Rolle des Königs übernehmen. Dann würden Sie innerlich zu starr, verlören Ihre Kreativität und wären ständig in Kämpfe mit anderen verwickelt, weil es nur noch ums Prinzip ginge. Lassen Sie sich nicht von Ihrem Ordnungsminister tyrannisieren, aber erweisen Sie ihm den gebührenden Respekt. Beobachten Sie, welche Sprache er spricht und wie stark er bei Ihnen ist, und schmunzeln Sie ruhig gelegentlich über ihn – besonders wenn er sich häufig nach vorne drängt.

Umgang mit dem Gemütlichkeitsminister
Ein machtvoller Minister ganz anderer Art ist der Gemütlichkeitsminister: Er drängt sich nicht lautstark in den Vordergrund, sondern scheint sich eher ruhig im Hintergrund zu fläzen. Tatsächlich kann man ihn auch als inneren Schweinehund bezeichnen, denn er manifestiert sich in Faulheit und boykottiert damit manchen Plan, der Arbeit oder Anstrengung erfordert. Der Minister für Gemütlichkeit ist zunächst nur für Pläne zu haben, die Spaß, Vergnügen, Annehmlichkeiten oder Genuss bereiten. Trotzdem oder gerade deswegen ist er wichtig, denn er sorgt dafür, dass Sie sich nicht ständig überarbeiten, dass Sie Wohlbehagen erfahren und zur Ruhe kommen. Ein stark ausgeprägter innerer Schweinehund ist ein sicherer Garant gegen Burnout und für Gelassenheit.
Wird dieser Minister allerdings übermächtig, besteht die große Gefahr, wegen zu viel guten Essens und Bewegungsmangel fettleibig und krank zu werden. Außerdem kommen Sie dann weder beruflich noch spirituell voran, weil Sie sich am Bewährten festhalten und bei jeder Gelegenheit träge ausruhen.
Prüfen Sie, wann und wie intensiv sich Ihr Gemütlichkeitsminister meldet, und statt selbst mit ihm zu kämpfen, lassen Sie die anderen Minister mit ihm sprechen, so dass Sie sich

schließlich neutral für oder gegen eine Anstrengung entscheiden können.

Umgang mit dem Gesundheitsminister
Gesundheit, Sport, Ernährung und Entspannung – letztlich die Grundlagen für Ihr Leben – sind seine Fachgebiete: Der Gesundheitsminister sorgt für ausreichend Schlaf, gesunde Ernährung, genügend Bewegung an der frischen Luft, regelmäßige Arztbesuche ... Er ist je nach Situation der Gegenpol zum Leistungs- oder zum Gemütlichkeitsminister und verbündet sich mit einem von beiden, denn er achtet darauf, dass weder Ihr innerer Schweinehund noch Ihr inneres Arbeitstier die Überhand gewinnt.
Für ein langes, gesundes Leben ist es wichtig, dass Sie Ihren Gesundheitsminister fördern und ihm regelmäßig zuhören. Auch unbedeutend scheinende Einwände sollten Sie beachten, denn durch rechtzeitiges Gegensteuern können Sie schlimme Krankheiten verhindern. Außerdem sollten Sie ihm das Vetorecht einräumen, um Aktionen zu verhindern, die Ihr Leben gefährden.

Umgang mit dem Verteidigungsminister
»Was könnte schiefgehen?«, »Was passiert, wenn das nicht klappt?«, »Was sollen die anderen denken?« – das sind typische Fragen des Verteidigungsministers, denn er ist vorsichtig und sorgt sich um Ihre Sicherheit, Selbsterhaltung und Reputation. Am liebsten ist er auf alle Eventualitäten vorbereitet. Mit dieser Haltung versucht er, jede Veränderung zu blockieren und schickt innere Unruhe, Nervosität, Lampenfieber und Ängste, um den Status quo zu erhalten.

Raja Yoga: Alles ist Geist

Wenn er angegriffen wird, zeigt er sich auch oft in Form von Ärger.

Der Verteidigungsminister nimmt eine wichtige Position im Leben ein, denn er bewahrt Sie vor Dummheiten und Leichtsinn und sorgt dafür, dass Sie sich vorbereiten. Da er anderen auch gern die schlimmsten Motive unterstellt, sollte er keinesfalls übermächtig werden und sich zum Diktator aufspielen dürfen, sonst geraten Sie schnell an den Rand zur Paranoia.

Überlegen Sie, welche Stellung dieser Minister bei Ihnen einnimmt. Ist er vielleicht die Erklärung für einige Ihrer Ängste? Beobachten Sie, wie er sich Ihnen mitteilt, und finden Sie einen Weg, mit ihm zu kommunizieren.

Umgang mit dem Familienminister
Der Familienminister kümmert sich um Partnerschaft, Familie, Kinder, Freundschaft und Zwischenmenschliches. Er möchte, dass es allen gut geht, dass alle harmonisch miteinander leben und viel Zeit miteinander verbringen. Die Minister für Ordnung, Gesundheit und Erziehung, aber auch für Verteidigung sind diejenigen, mit denen sich der Familienminister oft verbündet, weil sich ihre Ziele je nach Situation überschneiden. Das kann zu Überfürsorglichkeit wie bei einer Glucke führen oder auch zu übertriebener Kontrolle oder zu vielen Vorschriften für die Liebsten. Übermäßige Ängste können die Folge sein. Es gilt also, den Familienminister im Zaum zu halten, weil es sonst Probleme mit dem Freiheitsdrang der anderen Königreiche gibt. Kommt der Familienminister dagegen gar nicht zum Zug, leiden die Beziehungen und die Fähigkeit zur Liebe.

Schauen Sie, wie, wann und wodurch sich Ihr Familienminister bemerkbar macht und ob Sie ihm zu viel oder zu wenig Aufmerksamkeit schenken, denn zwischenmenschliche Beziehungen sind etwas sehr Wichtiges.

Umgang mit dem Erziehungsminister
Sie denken, weil Sie keine Kinder haben, können Sie dieses Kapitel auslassen? Weit gefehlt: Der Erziehungsminister ist nicht nur für die geistige, seelische und körperliche Entwicklung von Kindern zuständig, sondern auch für die von Erwachsenen. In allen Fällen, wo wir jemandem ungefragt einen Rat erteilen, war der Erziehungsminister aktiv. Auch wenn Vorgesetzte ihren Mitarbeitern oder Arbeitnehmer ihren Kollegen etwas erklären, war es seine Initiative. Der Erziehungsminister verbündet sich nach Bedarf vor allem mit den Ministern für Ordnung, Gesundheit oder Verteidigung. Wenn etwas nicht nach seinem Plan läuft, kann er sich in Form von Ärger, Angst, Sorge oder Trauer manifestieren.
Es ist einer der tiefsten Wünsche des Menschen, etwas von dem, was er gelernt hat, weiterzugeben. Das ist wunderbar, solange er es anderen Menschen nicht aufdrängt oder gar aufzwingt. Überlegen Sie deshalb, welche Rolle der Erziehungsminister in Ihrem Leben spielt. Wenn Sie Kinder haben, machen Sie sich bewusst, dass Sie nicht alles in der Hand haben können und sollen.

Umgang mit dem Sozial- bzw. Fürsorgeminister
Immer wenn es um Fürsorge, Nächstenliebe, Mitgefühl, gesellschaftliches Engagement oder Soziales geht, ist

der Sozial- bzw. Fürsorgeminister aktiv. Es ist sein großes Anliegen, dass es allen gut geht. Er versteht und verzeiht, er gibt und hilft. Wenn es um Ungerechtigkeiten geht, steht er oft an der Seite des Ordnungsministers. Sind aber Ordnung oder Prinzipientreue das Thema, verbündet er sich eher mit den Ministern für Gemütlichkeit oder Kreativität. Menschen, die nicht Nein sagen können, wenn sie um Hilfe gebeten werden, haben einen übermäßig stark ausgeprägten Sozialminister. Auch das ist nicht gut, denn sie sind mittelfristig überfordert von den vielen Aufgaben, die sie übernommen haben, und können deswegen sogar krank werden.

Dieser Minister vermittelt durch seine positive Haltung zur Welt Energie, Freude, Liebe und Verbundenheit. Überlegen Sie deshalb, ob Ihr innerer Sozialminister genügend Raum hat, um sich zu entfalten, oder ob Sie ihm bewusst mehr Aufmerksamkeit schenken sollten.

Umgang mit dem Vernunftsminister

Er will es genau wissen und lässt nur gelten, was auch nachweisbar ist. Der Vernunftsminister ist zuständig für Verstand, Wissen und Wissenschaft. Er ist neugierig, liest Bücher, schaut Wissenschaftsdokumentationen, besucht gerne Seminare und Ausstellungen. Er fragt nach und will alles verstehen. Verbündet er sich mit dem Ordnungsminister, nimmt die Ratio überhand, genauso wenn er sich mit dem Minister für Erziehung verbündet. Dann braucht er die Liebe, einen starken Fürsorgeminister und Familienminister, als Ergänzung. Mit dem Kreativitätsminister kommt er nur schwer klar.

Der Vernunftsminister hat eine besondere Stellung innerhalb der Ministerriege, weil er sich als Vermittler zwischen den anderen Ministern eignet und weil er sich oft als Verbündeter des Königs, des Rajas, erweist.

Untersuchen Sie, wie es um Ihren Vernunftsminister bestellt ist: Meldet er sich eher zurückhaltend, genau richtig oder zu stark zu Wort? Beflügelt oder behindert er Sie?

Umgang mit dem Leistungsminister
Sein Name ist Programm: Der Leistungsminister kümmert sich um Wirtschaft, Leistung, Geschwindigkeit, Macht, Erfolg, Einfluss und Abenteuer. Er ist ein machtvoller Minister mit großem Zuständigkeitsbereich, ein Antreiber, der immer noch mehr will. In ihm brennt die Energie wie Feuer, im Ayurveda »Pitta« genannt. Das macht sich oft als Kribbeln im Bauch, als innere Unruhe, Enthusiasmus und Begeisterung bemerkbar, aber auch als Ärger und Frust, wenn etwas anders oder langsamer läuft, als es der Leistungsminister gern hätte.

Wenn Sie einen starken Leistungsminister und die entsprechend robuste Konstitution haben, können Sie viel bewirken. Verbündet er sich aber mit dem Ordnungsminister oder haben Sie eine empfindlichere Konstitution, kann Sie der Leistungsminister bis zum Burnout treiben. Wer einen starken Leistungsminister hat, sollte vor neuen Aufgaben immer den Gesundheitsminister zu Rate ziehen, um eine Überlastung zu verhindern. Auch die Minister für Familie und Fürsorge sollten eine starke Stellung einnehmen, einerseits um all Ihren Bedürfnissen als Mensch gerecht werden zu können, andererseits um andere Menschen vor überzogenen Leistungsforderungen zu schützen. Denn wer leistungsorientiert lebt, verlangt oft den gleichen Einsatz von anderen – und das ist für die Betroffenen meist eine Überforderung.

Spüren Sie in sich hinein und lernen Sie Ihren Leistungsminister genauer kennen: Ist er eher konservativ oder ein Abenteurer? Gibt er Ihnen Energie und Begeisterung für eine Sache, oder führt er oft zu Frust, weil Sie das Gefühl haben, nicht gut genug zu sein? Verurteilt er Sie oder andere, wenn etwas nicht klappt?

Wenn Sie um Ihren starken Leistungsminister wissen, sorgen Sie ganz bewusst für regelmäßige Regenerationsphasen in Ihrem Tages- und Wochenablauf: Planen Sie beispielsweise täglich Zeit für Meditation, Yoga-Übungen oder Sport ein und wöchentlich mindestens einen Tag für Muße und Regeneration. Außerdem können Sie überlegen, Ihre überbordenden Kräfte nicht nur für sich und Ihre Familie, sondern auch zum Wohle anderer einzusetzen.

Umgang mit dem Kreativitätsminister

Kultur, Künste, Intuition, Neugier, Kreativität und alles Spielerische ist das Metier des Kreativitätsministers. Damit fungiert er als Ergänzung, aber auch als Gegenpol zum Vernunftsminister. Letzterer will ebenfalls Neues probieren, beschränkt sich aber auf Rationales. Der Kreativitätsminister dagegen öffnet sich auch auf allen anderen Ebenen für Neues – egal ob es um das Probieren eines Kochrezepts, die Umgestaltung eines Wohnraums oder eine spirituelle Praxis handelt – und hört dabei auf sein Herz und seine Intuition. Routine, Prinzipien und Regeln sind ihm ein Gräuel. Er

mag Veränderungen und Unruhe. Damit ist er unverzichtbar für unser inneres Wachstum, kollidiert aber auch mit den anderen Ministern, vor allem mit jenen für Ordnung, Gemütlichkeit, Verteidigung und Finanzen.
Den Kreativitätsminister erkennen Sie an innerer Unruhe, an Aufgeregtheit, Beschwingtheit und Begeisterung. Findet er kein Gehör, manifestiert er sich häufig in Traurigkeit oder Trägheit. Wenn Sie das Gefühl von Sinnlosigkeit und Alltagstrott haben, sollten Sie aktiv Kontakt mit dem Kreativitätsminister aufnehmen. Auch in der Midlife-Crisis kann er weiterhelfen, und er ist oft stark dafür mitverantwortlich, dass Menschen ihr Leben gründlich umkrempeln.
Denken Sie darüber nach, wie sich Ihr Kreativitätsminister im Laufe Ihres Lebens bemerkbar gemacht hat: Durfte er sich als Kind ausleben? Ist er heute mehr oder weniger aktiv? Sollten Sie ihm öfter Gehör schenken? Oder sind Sie zu sehr von ihm getrieben und ecken deshalb immer an?

Umgang mit dem Entwicklungsminister
Wie kann ich wachsen? Wie kann ich mich entwickeln? Gibt es einen Sinn im Leben? Wenn ja, wie kann ich diesem Sinn folgen? Das sind die Fragen, mit denen sich der Minister für persönliche und spirituelle Weiterentwicklung beschäftigt. Fragen, die auch in diesem Buch eine wichtige Rolle spielen. Da Sie bis hierher gelesen haben, können Sie davon ausgehen, dass Ihr innerer Entwicklungsminister stark ausgeprägt ist. Er stellt bei allem, was die anderen Minister vorhaben, die Sinnfrage – mal leise, mal lauter. Er taucht nach traumatischen Erlebnissen auf, und bei einseitig auf Leistung, Erfolg oder Familie orientierten Menschen

Raja Yoga: Alles ist Geist

meldet er sich vielfach in der Mitte des Lebens besonders laut und hat großen Anteil an der Midlife-Crisis. Wenn sich der Entwicklungsminister mit allen Ministern verbündet, führt das zu einem sinnerfüllten und vielschichtigen Leben. Letztlich ist er das Sprachrohr unserer Seele.

Fragen Sie sich, wann Sie Ihren Entwicklungsminister zuletzt gehört und ob Sie auf ihn gehört haben. Hören Sie seine Stimme regelmäßig oder nur selten? Machen Sie es sich zur Gewohnheit, Ihren inneren Entwicklungsminister vor Entscheidungen immer nach seiner Meinung zu fragen.

Die Zuordnung der Minister zu anderen Persönlichkeitssystemen

Das Bedürfnis des Menschen nach der Einordnung von Persönlichkeitsmerkmalen und Charakterzügen ist uralt, denn eine – gelungene – Zuordnung hilft im alltäglichen Miteinander: Man weiß, womit man zu rechnen hat und was man nicht erwarten kann. Im Laufe der Jahrhunderte haben sich unterschiedliche Möglichkeiten entwickelt, um eine Persönlichkeit zu beurteilen. Im Ayurveda werden drei sogenannte Doshas, die Temperamente, beschrieben, in der Astrologie werden den zwölf Sternzeichen bestimmte Eigenschaften zugeschrieben. Für Leser, die sich mit einem dieser Bereiche näher beschäftigt haben, ist es interessant zu sehen, wie die einzelnen Minister den jeweiligen Prinzipien zugeordnet werden. Vielleicht möchte der eine oder andere auch statt der Konferenz der Minister eine Konferenz der Doshas oder der Tierkreiszeichen einberufen.

Minister	Dosha/ Temperament	Astrologie
Ordnungsminister	Pitta	Jungfrau, Skorpion, Steinbock
Gemütlichkeitsminister	Kapha	Stier
Gesundheitsminister	Vata-Pitta-Kapha	Jungfrau
Verteidigungsminister	Pitta	Widder, Steinbock
Familienminister	Kapha	Stier, Krebs
Erziehungsminister	Pitta	Löwe, Waage, Schütze, Steinbock
Sozialminister	Kapha	Stier, Krebs, Jungfrau, Fisch
Vernunftsminister	Vata	Zwillinge, Waage, Wassermann
Leistungsminister	Pitta	Widder, Löwe, Schütze
Kreativitätsminister	Vata	Wassermann, Waage, Zwillinge
Entwicklungsminister	Vata	Steinbock, Wassermann, Fische

Raja Yoga: Alles ist Geist

Gibt es noch andere Minister?

Ich hatte es schon erwähnt: Die Ministerriege ist nicht in jedem Menschen gleich. Mancher hat nur einen Teil der erwähnten Minister, mancher mehr, und mancher besitzt ganz andere Minister, die hier nicht erwähnt wurden. Deswegen ist es wichtig, dass Sie genau prüfen, welche Minister für Sie, für Ihr Inneres wichtig sind. Die beschriebenen habe ich aus den Erfahrungen in meinen Seminaren zusammengestellt: Es sind jene, die von den Teilnehmern am häufigsten genannt wurden. Wenn Sie in sich noch weitere Minister haben, sind diese deswegen nicht weniger wichtig oder gar weniger wert. Es sind nur nicht die Minister der Masse. Als Ihre Minister sind sie in jedem Fall wertvoll und sollten von Ihnen gehört werden.

Übrigens können sich das Kabinett sowie Macht und Einfluss der einzelnen Minister im Laufe der Zeit durch Ihre persönliche Entwicklung und je nach Lebensphase durchaus verändern.

Auch das ist einer der Gründe, warum für mich der Raja Yoga als Königsweg zur Gelassenheit gilt: Das Modell der Minister ist flexibel, es kann und soll individuell angepasst werden. Sie sollten es sich – oder gar anderen – keinesfalls starr überstülpen.

Die Minister der anderen Wenn Sie sich mit dem Modell der Minister vertraut gemacht haben und Ihre eigenen Minister kennen, dann lohnt es sich zu schauen, wie es in den anderen Königreichen aussieht. Achten Sie bei Gesprächen zunächst einfach darauf, ob Sie bei Ihrem Gegenüber einen oder mehrere Minister identifizieren können. Dazu hören Sie nicht nur auf die Worte, sondern achten auch auf die Körpersprache wie Gestik, Mimik oder Anspannung und spüren die Aufregung, Begeisterung oder Ängstlichkeit des anderen. Bei Menschen, die Sie häufiger treffen, werden Sie feststellen, dass manche Minister öfter auftreten als andere – und es sind vermutlich nicht dieselben wie bei Ihnen.

Durch diese Beobachtungen lernen Sie nicht nur Ihre Mitmenschen und sich selbst besser kennen, sondern Sie werden vermutlich auch automatisch achtsamer mit den Menschen Ihrer Umgebung umgehen. Das tut allen Beteiligten gut.

Sie können Ihr Wissen um die fremden Minister aber auch aktiv einsetzen, indem Sie gezielt in deren Richtung argumentieren, also deren Befürchtungen den Wind aus den Segeln nehmen. Dazu können Sie deren Sorge direkt ansprechen und Ihre Alternativen dagegensetzen.

Stellen Sie sich beispielsweise vor, Sie und Ihre Partnerin hätten Freunde zum Essen eingeladen. Nun können Sie sich nicht einigen, was Sie kochen wollen. Ihre Partnerin möchte ein fulminantes Drei-Gänge-Menü kredenzen, bei dem alles selbst zubereitet ist. Sie möchten ein praktisches Chili und Eis aus der Packung zum Nachtisch servieren. In der Diskussion wird Ihnen klar, dass es Ihnen vor allem um das nette Beisammensein mit den Freunden geht und das Essen für Sie Nebensache ist und nicht zu viel Arbeit machen sollte. Ihrer Partnerin geht es auch um das Zusammensein, doch außerdem um einen besonderen Genuss beim Essen und um ihren Ruf als Köchin und Gastgeberin.

Ihre beiden Familienminister sind sich also über das nette Beisammensein mit Freunden einig, und Sie erkennen bei Ihrer Partnerin den Minister für Vorsicht, der auch für die

Raja Yoga: Alles ist Geist

Reputation zuständig ist, und jenen für Leistung, die auf Ihren Gemütlichkeitsminister treffen. Nun können Sie gezielt Argumente suchen, um den Leistungs- und den Vorsichtsminister umzustimmen. Vielleicht kommen Sie beiden aber auch entgegen, etwa indem Sie vorschlagen, das einfache Essen an einem besonders schön gedeckten Tisch zu servieren.

Die Ministerkonferenz im Alltag

Manches mag für Sie jetzt noch sehr theoretisch klingen, deswegen möchte ich Ihnen an einigen Fallbeispielen zeigen, wie die Ministerkonferenz im Alltag funktionieren kann, wie Sie dieses Modell in ganz unterschiedlichen Situationen anwenden können, die Sie aus Ihrer Gelassenheit werfen. Wenn Sie gelegentlich beim Lesen der Beispiele lächeln, ist das durchaus beabsichtigt, denn Humor ist ein wichtiger Wegbereiter für Gelassenheit.

Mehr Gelassenheit bei Lampenfieber

Lampenfieber, die Angst vor einem Auftritt, ist keineswegs nur für Schauspieler reserviert, die im Rampenlicht stehen. Es ist im Gegenteil eine sehr häufige Form von Angst, die uns sehr ungelassen werden lässt. Jeder kennt Lampenfieber, ganz egal ob es sich um den ersten »Auftritt« bei der Familie des neuen Partners, um das Vertreten einer gegenteiligen Meinung gegenüber einer Freundin, um die Antrittsrede als Vorsitzender für den Sportverein oder um die Rede vor der Wahl zum Parteivorsitzenden handelt: Die Anlässe, bei denen Lampenfieber entsteht, sind für jeden Menschen andere, aber das Gefühl von Unsicherheit, die Angst vorm Versagen oder nicht gut genug zu sein, ist immer gleich und unterscheidet sich lediglich in ihrer Intensität.

Das liegt daran, dass Lampenfieber als Variation von Angst zu den Urreaktionen gehört, die schon dem Steinzeitmenschen zu eigen waren und die uns bis heute geblieben sind. Angst war und ist für das Überleben wichtig, denn sie bündelt all unsere Kraft und Energie, damit wir uns in gefährlichen Situationen retten können. Der Kundalini Yoga nennt alle Formen von Lampenfieber und Angst Energieerweckung. Und Energieerweckung ist etwas Gutes. Tatsächlich aktiviert und motiviert uns Lampenfieber in besonderem Maße. Mit Lampenfieber brauchen wir nicht zu befürchten, vor einer schwierigen Situation zu müde zu sein: Selbst wenn wir vorher kaum geschlafen haben, stellt uns das Lampenfieber die nötige Energie zur Verfügung.

Trotzdem haben viele Menschen ein großes Problem mit Lampenfieber: Es kann so intensiv werden, dass sich mancher in Panik hineinsteigert. Oder es kann einen lähmen und damit die Vorbereitung auf die schwierige Situation stark behindern, weil man keinen klaren Gedanken mehr fassen kann. Dem können Sie auf körperlicher Ebene begegnen mit der Lampenfieber-Transformationsatmung (Seite 101), die aus dem Kundalini und dem Hatha Yoga stammt, und auf geistiger Ebene mit der Ministerkonferenz.

Ministerkonferenz bei Lampenfieber vor einer Präsentation
In einigen Tagen sollen Sie bei einem Teammeeting Ihr Projekt präsentieren und bereiten sich darauf vor. Bereits jetzt können Sie nicht mehr schlafen, das Essen schmeckt Ihnen nicht, Sie sind genervt, wenn jemand etwas von Ihnen will,

Raja Yoga: Alles ist Geist

und haben Schwierigkeiten, sich zu konzentrieren: ein typischer Fall von Lampenfieber. Nehmen Sie sich einige Minuten Zeit und berufen Sie eine Ministerkonferenz ein mit der Frage: »Ich bereite mich auf die Präsentation vor. Wer will mir dazu etwas sagen?«

»Das muss richtig gut werden. Das ist ein superwichtiges Projekt für die weitere Karriere«, meldet sich sofort der Leistungsminister. »Du bist es, der Leistungsminister, dem es nie genug sein kann. Danke, dass du mich antreibst und willst, dass ich mich weiterentwickle«, identifizieren Sie Ihren Leistungsminister und schätzen ihn für sein Engagement. Dann fragen Sie, wer sich noch dazu melden möchte.

»Wenn ich es nicht gut mache, verliere ich meinen Job.« Wen erkennen Sie? Versichern Sie sich, dass Sie richtigliegen, indem Sie den Minister benennen: »Ach, Vorsichtsminister, du bist es?« Wertschätzen und danken Sie ihm: »Du sorgst dich um mein Wohlergehen und hast Angst, ich könnte bei einer schlechten Präsentation den Job verlieren. Danke dafür.« »Dann kann ich den Kredit nicht weiter abzahlen.« »Hallo Finanzminister. Du hast Bedenken, dass ich mit dem Geld nicht hinkomme. Toll, dass du immer alles nachrechnest.«

Schon drei wichtige Minister machen sich zur Präsentation ihre Gedanken. Fragen Sie nach, ob es noch andere Meinungen dazu gibt. »Es ist doch nur ein Teammeeting. So schlimm wird es schon nicht werden«, meldet sich der Vernunftsminister. »Danke, du Stimme der Vernunft«, würdigen Sie ihn. »Das ist eine Supergelegenheit, mal etwas Neues auszuprobieren«, meldet sich der Kreativitätsminister. »Danke, Kreativitätsminister. Du passt auf, dass es nicht zu langweilig wird. Was für Ideen hast du?« »Na, na, das ist sowieso schon viel Arbeit, dann noch alles neu machen? Lieber so wie immer und dafür schneller, dann haben wir auch noch Zeit fürs Kino.« »Ach, der Gemütlichkeitsminister. Gut, dass du für freie Zeiten sorgst. Vielleicht hast du recht, und es ist etwas knapp für Neues.« »Ja, dann wird aber die Zeit, die ich jetzt noch habe, auch sinnvoll genutzt und nicht verplempert.« »Danke, Ordnungsminister. Das ist eine gute Idee. So mache ich es.«

Der Charme des Lampenfiebers

Jeder hat Lampenfieber, selbst der Bundespräsident vor einer Rede. Aber normalerweise bemerken wir es an anderen gar nicht oder nur sehr, sehr geringfügig. Daraus können Sie guten Gewissens schließen, dass auch kaum jemand Ihr Lampenfieber bemerken wird. Oder nur ein Minimum von dem, was Sie in sich spüren. Für dieses bisschen Lampenfieber, das die anderen bei Ihnen bemerken, fühlen die Zuhörer sich geehrt. Hätten Sie etwa bei einem Vorstellungsgespräch gar kein Lampenfieber, fände Sie der Personalchef vielleicht ein wenig zu cool und hätte den Eindruck, Sie seien gar nicht wirklich an der Stelle interessiert. Und bei der ersten Verabredung mit der Angebeteten wirkt ein wenig Unsicherheit doch sehr charmant.

Lampenfieber-Transformationsatmung

Lampenfieber gibt uns zusätzliche Energie. Mit der folgenden Übung können wir diese in positiv nutzbare Energie umwandeln, so dass wir durch Lampenfieber beflügelt statt behindert werden. Die Energie wird zwar im ganzen Körper freigesetzt, aber es gibt ein Energiezentrum, das bei Lampenfieber und anderen Ängsten besonders wichtig ist: der Solarplexus, im Yoga oder Ayurveda auch Nabelchakra, Sonnenchakra oder Zentrum der Feuerenergie genannt. Wenn die Energie dort harmonisch fließt, profitieren wir von ihr und können sie gezielt einsetzen.

Das Mittel zur Harmonisierung ist die tiefe Bauchatmung. Denn die meisten Menschen mit Lampenfieber atmen nur noch sehr flach oder fast gar nicht mehr und blockieren sich damit selbst. Das gilt besonders für Menschen, die auch im Alltag hauptsächlich in die Brust atmen.

Ob Sie selbst dazugehören, können Sie leicht feststellen: Legen Sie eine Hand mittig auf den Brustkorb und eine mittig auf den Bauch und atmen Sie eine Weile ganz normal weiter. Welche Hand bewegt sich mehr beim Ein- und Ausatmen? Die auf der Brust oder jene auf dem Bauch? Dementsprechend sind Sie ein Brust- oder ein Bauchatmer – zumindest momentan, denn Ihre Atmung können Sie durch bewusstes Atmen und regelmäßiges Üben verändern. Die Bauchatmung setzt unser Organismus normalerweise ein, wenn wir entspannt sind, also beim Schlafen oder Sitzen (allerdings nicht unbedingt am Schreibtisch, weil wir da oft angespannt sind). Sie verbraucht weniger Energie als die Brustatmung, weil sie weniger Muskeln beansprucht, senkt den Blutdruck und fördert die Verdauung, weil sie die Verdauungsorgane massiert. Unser Körper hat also von Natur aus schon Entspannung und Bauchatmung miteinander verknüpft. Indem Sie gezielt tief in den Bauch atmen, nutzen Sie Ihre natürlichen Anlagen, nutzen Sie Bahirkarana, Ihr äußeres Werkzeug, den Körper. (Ihr inneres Werkzeug, Antahkarana, die Psyche, nutzen Sie bei der Ministerkonferenz.) Die moderne Psychologie hat diesen Zusammenhang durch Forschungen bestätigt.

Lampenfieber-Transformationsatmung

Atme sanft ein, dabei wölbt sich der Bauch nach außen. Dann atme tief aus, bis gar keine Luft mehr da ist, dabei sinkt der Bauch ein. Wieder sanft einatmen, Bauch hinaus, langsam ausatmen, Bauch hinein. Wichtig ist, dass die Phase der Ausatmung länger ist. Atme so einige Male ein und aus. Stell dir beim Einatmen vor, dass du Energie von oben in den Bauch aufnimmst, und beim Ausatmen, dass du vom Bauch über das Herz Energie zu den Menschen schickst, mit denen du gleich sprechen oder vor denen du reden wirst. Mach das einige Male.

Üben Sie am besten im Sitzen, es funktioniert aber auch im Liegen, Stehen oder Gehen.

Probieren Sie die Übung, indem Sie sich schwierige Situationen der letzten Tage ins Gedächtnis rufen, damit Sie ein Gefühl dafür bekommen, wie sie wirkt. Experimentieren Sie auch ruhig in Alltagssituationen damit, um sich an die Übung zu gewöhnen und sie bei Bedarf parat zu haben.

❦ ❦ ❦

Mehr Gelassenheit bei Ärger und Wut

Neben Angst und Trauer sind es wohl Ärger, Wut und die damit verwandten Gefühle, die uns am häufigsten aus unserer Gelassenheit bringen. Außerdem sind ihre »Nebenwirkungen« besonders gravierend: Schlucken wir unseren Ärger immer wieder runter, werden wir mit großer Wahrscheinlichkeit irgendwann davon krank, lassen wir unserem Ärger ungezügelt freien Lauf, haben wir nicht nur schnell den Ruf eines Cholerikers, sondern beeinträchtigen damit auch sehr unsere Beziehungen zu anderen Menschen oder unsere Chancen, im Beruf voranzukommen. Wer sich häufig extrem aufregt, wird überdies nicht ernst genommen. Zudem ist es den meisten Menschen im Nachhinein sehr unangenehm, ihrer Wut nachgegeben zu haben: Sie wären doch so gerne souverän geblieben.

Dabei ist Ärger evolutionsbiologisch betrachtet eine sehr wertvolle Kraft: Er lieferte unseren steinzeitlichen Vorfahren die Energie, sich zur Wehr zu setzen, wenn etwas im Zusammenleben mit den anderen nicht gerecht zuging – wenn sie etwa bei Eiseskälte keinen Platz am Feuer bekamen. Der Ärger motivierte sie, für sich einzutreten und sich einen warmen Platz zu sichern. Auch heute noch bringt uns Ärger über Ungerechtigkeiten dazu, uns für bessere Verhältnisse einzusetzen. Allerdings wird erwartet, dass wir dafür diese Energie nicht in Wutanfällen rausbrüllen – in unserer Gesellschaft gilt die Regel »Wer schreit, hat unrecht« –, sondern geschickt kanalisieren, indem wir etwa Verbesserungsvorschläge oder Pläne für Veränderungen machen.

Genauso sieht es auch der Kundalini Yoga: Ärger und Wut sind Formen der Energieaktivierung. Egal wie müde Sie waren, wenn jemand Sie ärgert, sind Sie plötzlich hellwach. Wir können uns also über diese zusätzliche Energie freuen – und dann unsere Psyche und unseren Körper als Werkzeuge benutzen, um mit Hilfe der inneren Ministerkonferenz und der Ärger-Transformationsatmung (siehe Seite 105) unsere Gelassenheit zurückzugewinnen.

Ministerkonferenz bei Ärger nach Kritik
Sie werden kritisiert, und Ihre Reaktion überrascht Sie selbst: Sie wehren sich sehr ärgerlich und wütend. Kurz danach bekommen Sie ein schlechtes Gewissen, denn so überzogen möchten Sie gar nicht reagieren, Ihr Anspruch ist es eigentlich, sachlich und konstruktiv mit Kritik umgehen zu können. Fragen Sie Ihre Minister: »Was war da eben los?« »Dieser Blödmann, der soll doch seinen Mund halten.« »Wer spricht da? Der Minister für Ordnung oder der für Verteidigung? Oder habe ich neuerdings auch einen Kriegsminister?«, fragen Sie. »Dem sollte man mal ordentlich den Kopf waschen.« »Ach, du bist es, Erziehungsminister. Meinst du wirklich, das würde seiner Entwicklung helfen?« »Ich hätte nicht so reagieren dürfen. Was der jetzt von mir denkt?« »Hallo, Vorsichtsminister, schön, dass du dich um mein Ansehen sorgst.« »Er hatte sicher nur einen schlimmen Tag. Ich habe doch bemerkt, dass ihm der Ehering fehlt.« »Ach, Fürsorgeminister. Was du so alles mitkriegst.« »Ist doch alles nicht so schlimm. Man kann sich doch mal aufregen.« »Hallo, Vernunftsminister. Danke für deine Einschätzung!« »Ich will aber spirituelle Weiterentwicklung. Da

sollte man lernen, sich nicht so aufzuregen.« »Ja, Entwicklungsministerin, danke. Deshalb habe ich ja eine Ministerkonferenz einberufen.«

Meist reicht es schon, solch einen inneren Dialog bis hierher zu führen. Denn jetzt werden Sie vermutlich über sich lächeln und haben Ihre Gelassenheit zurückerlangt.

Sie könnten aber auch noch weitergehen, um ein konkretes Ergebnis zu erzielen:

»Ja und? Was bringt uns das jetzt hier?« »Ich kenne jetzt erst mal eure Standpunkte, lieber Ordnungsminister, und vielleicht habt ihr ja auch Vorschläge, um so einen Wutanfall beim nächsten Mal zu vermeiden.« »Das nächste Mal wird beim ersten Anzeichen von Ärger mehrere Male tief in den Bauch geatmet.« »Danke, Entwicklungsministerin.« »Und dann nehmen wir uns etwas Zeit für die Reaktion, und wir Minister werden befragt.« »Danke, Vernunftsminister, so werde ich es machen.«

Murccha – Ärger-Transformationsatmung

Murccha ist eine der klassischen Übungen aus dem Yoga zur Beruhigung des Geistes. Ayurvedatherapeuten empfehlen sie, um das Feuerelement, also Pitta (Seite 135), zu verringern und in ruhige Energie umzuwandeln. Außerdem kann diese Übung helfen, Entzündungs- oder Kopfschmerzen zu lindern und Allergien, auch Heuschnupfen, zu verringern. Die Übung ähnelt der Lampenfieber-Transformationsatmung sehr, unterscheidet sich aber in einem wichtigen Punkt: Die Ausatmung ist bei Murccha doppelt so lang wie die Einatmung.

Murccha – Ärger-Transformationsatmung

Atme zwei bis vier Sekunden lang ein, dabei wölbt sich der Bauch nach außen. Dann atme doppelt so lang aus, bis gar keine Luft mehr da ist, dabei sinkt der Bauch ein. Zwei bis vier Sekunden lang einatmen, Bauch hinaus, vier bis acht Sekunden ausatmen, Bauch hinein. Atme so weiter und spüre, wie dein Ärger nachlässt.

Stell dir beim Einatmen vor, dass Licht in dich hineinströmt, und beim Ausatmen, dass Licht in alle Richtungen aus dir herausfließt. Mache das einige Male.

Üben Sie zunächst im Sitzen, Sie können Murccha bei Bedarf aber auch im Liegen, Stehen oder Gehen praktizieren. Stellen Sie sich ärgerliche Situationen der Vergangenheit vor und trainieren Sie daran die Übung, damit Sie sie im Ernstfall sofort einsetzen können.

Noch ein Hinweis: Falls Sie sich für Atemübungen interessieren und danach recherchieren, werden Sie noch andere Varianten von Murccha finden, auch solche mit Atempause. Sie sind für Anfänger oder für Menschen mit gesundheitlichen Problemen nicht geeignet.

Gelassenheit bei Misserfolgen Nicht immer ist es nötig, eine große innere Ministerkonferenz abzuhalten, um das Für und Wider einer Sache zu besprechen und sich am Ende für eine Position zu entscheiden. Das gilt vor allem, wenn wir

Raja Yoga: Alles ist Geist

etwas als Misserfolg empfinden und danach niedergeschlagen sind, obwohl der Anlass eigentlich nicht wichtig war. In solchen und ähnlichen Fällen reicht es auch, einfach alle Minister zu Wort kommen zu lassen und ihre Standpunkte zur Kenntnis zu nehmen.

Ministerkonferenz bei Niedergeschlagenheit nach einem Misserfolg
Sie hatten sich für etwas engagiert, und es ging schief. Nun sind Sie niedergeschlagen, obwohl die ganze Angelegenheit nicht sehr bedeutsam war – eine Kleinigkeit, die nicht geklappt hat. Sie wundern sich, dass Sie diese Lappalie so stark berührt. Fragen Sie Ihre Minister: »Wer von euch hat etwas dazu zu sagen?« »So hätte man das nicht machen dürfen, habe ich doch gleich gesagt.« »Hallo Ordnungsminister: Wie hätte man es denn sonst machen sollen?« »Jetzt ist es sowieso zu spät.« »Wer will noch etwas dazu sagen?« »Wenn das so weitergeht, ist der Job weg.« »Danke, Vorsichtsminister. Du siehst immer alles schön tiefschwarz.« »Nobody is perfect. Jetzt entspannt euch mal.« »Danke, Gemütlichkeitsminister, das ist eine gute Idee.« »Ist doch schön, jetzt können wir beim nächsten Mal mit gutem Gewissen was Neues probieren.« »Hallo Kreativitätsminister, schön, dass du schon wieder aktiv bist.« »Hängt euch doch nicht zu sehr am Äußeren auf. Wir haben es probiert, es hat nicht geklappt, und wir sind um eine Erfahrung reicher. Alles, was einen Anfang hat, hat auch ein Ende.« »Danke, Entwicklungsminister.«

Mehr Gelassenheit in der Partnerschaft
In vielen Partnerschaften kommt es wegen Kleinigkeiten immer wieder zu Reibereien, und dafür gibt es einen Hauptgrund: Waren

früher die Rollen von Mann und Frau klar verteilt, ist es heute oft so, dass gerade wenn es ums Geldverdienen und den Haushalt geht, beide Partner beides machen – zumindest theoretisch. In der Praxis wirkt das alte Rollenbild oft noch so stark im Unterbewusstsein, dass es deswegen bei den Aufgaben im Haushalt zu zermürbenden und immer ähnlichen Streitereien kommen kann, wer was wie machen soll. Kommt dann noch die Erwartungshaltung dazu, der Partner könnte doch einfach aus Liebe handeln, wird es noch schwieriger. Wer solchen Konflikten mit Gelassenheit begegnen kann, tut nicht nur etwas für seinen eigenen Seelenfrieden, sondern auch viel für Entspannung in der Beziehung.

Ministerkonferenz bei Streit in der Partnerschaft
Ihre Partnerin findet, Sie sollten den Müll runtertragen. Sie finden, dass Sie sowieso schon mehr im Haushalt machen. Ein Wort ergibt das andere, Sie keifen sich an und gehen am Ende wütend auseinander. Dabei wollten Sie einen netten Abend mit ihr verbringen.
Statt Ihren Frust mit Schokolade oder Alkohol zu bekämpfen, fragen Sie Ihre Minister: »Wer will mir zu diesem Ärger etwas sagen?« »Das war unfair. Ich mache sowieso schon viel mehr.« »Aha, Gerechtigkeitsminister. Danke für deine Meinung.« »Ich hab mich so auf einen ruhigen Abend gefreut.« »Danke, Gesundheitsminister. Ja, etwas Ruhe wäre wirklich wichtig gewesen.« »Wer weiß, ob sie mich noch liebt.« »Hallo, Vorsichtsminister. Das sind also deine Befürchtungen.« »Was sollen denn die Kinder denken, wenn ich immer alles mache?« »Aha, Erziehungsminister. Du denkst, die Kinder bekommen ein falsches Vorbild?« »So viel Aufre-

Raja Yoga: Alles ist Geist

gung um das bisschen Müll. Das schaffe ich doch locker.« »Danke, Leistungsminister.« »Aber es geht ums Prinzip. Ich werde übervorteilt.« »So streng siehst du das, Ordnungsminister.« »Wie kleinkariert. Besser, ich bringe den Müll eben runter und nehme sie danach in den Arm und sage ihr, dass ich sie liebe.« »Meinst du, das ist die Lösung, Fürsorgeminister? Oder bist du der Familienminister?« »Genau, wir sollten unsere Energie besser in die Liebe und einen schönen Abend stecken statt in den Ärger um den Müll.« »Danke, Entwicklungsminister! So machen wir es.«

Mehr Gelassenheit bei kleinen Alltagsärgernissen

Es gibt viele Situationen im Alltag, die uns ärgern, aufregen oder uns durch ein schlechtes Gewissen aus der Ruhe bringen, obwohl sie nur kurz sind, wir oft nichts an ihnen ändern können oder sie keine gravierenden Auswirkungen haben, die ein schlechtes Gewissen rechtfertigen würden. Auch dabei hilft das Konzept der Minister, zurück zur Gelassenheit zu finden. In solchen Situationen müssen Sie nicht gleich eine komplette Ministerkonferenz einberufen, sondern es reicht meist aus, wenn Sie den Minister herausfinden, der hinter der Aufregung steckt, und seine Position humorvoll zur Kenntnis nehmen. Damit geben Sie der Emotion dahinter ein Sprachrohr und können sie von außen betrachten, sind also nicht mehr mit ihr identifiziert. Sie sind nicht diese Emotion.

Die Minister mit Humor nehmen

Sie werden auf der Autobahn ganz knapp überholt – und sind genervt. Mit einem »Hallo, Ordnungsminister, schön, dass du da bist« kommen Sie aus der Situation raus.

Vor Ihnen fährt jemand vorschriftsmäßig 50 Stundenkilometer. Sie stöhnen aus dem tiefsten Inneren und überholen rasant. Wer hat Sie da so hochgepusht? »Ach, dem Leistungsminister geht es wieder nicht schnell genug«, lächeln Sie.

Anstatt das Buch zum neuen Computerprogramm durchzuarbeiten, liegen Sie mit schlechtem Gewissen auf dem Sofa vorm Fernseher und essen Chips. Fragen Sie sich mit Humor: »Hallo, Gemütlichkeitsminister, was wohl der Gesundheits- und der Leistungsminister dazu sagen?«

Sie sehen Ihren Sohn über den Hausaufgaben grübeln und wollen gleich helfen. Bleiben Sie gelassen: »Hallo, Erziehungsminister, lass ihn doch alleine arbeiten. Er kann das.«

Sie wollten aufräumen und putzen, sitzen aber stattdessen mit der Freundin plaudernd im Park. Das schlechte Gewissen sitzt Ihnen im Nacken. Befreien Sie sich davon mit einem »Tja, Ordnungsminister, du wurdest wohl von der Familien- und der Kreativitätsministerin überstimmt«.

Die Beispiele zeigen Ihnen, dass es ganz einfach ist, negative Kritik an anderen und sich selbst durch humorvolle Feststellungen zu ersetzen und damit negative Energie in positive umzuwandeln. Wenn Sie das einige Tage lang ausprobieren, fühlt sich das zwar zunächst seltsam an, aber schon bald werden Sie merken, dass Sie viel gelassener mit sich selbst und mit anderen Menschen umgehen. Mittelfristig kann das zu mehr Achtsamkeit und Bewusstheit im Alltag führen.

> **Was passiert, wenn innere Anteile unterdrückt werden?**
>
> Ich habe nicht ohne Grund immer wieder betont, wie wichtig es ist, alle inneren Anteile zum Zuge kommen zu lassen und mit Wertschätzung anzuhören. Denn jeder meint es gut und will helfen. Wenn Sie einen Anteil nicht beachten, wird er sich auf andere Weise ausdrücken. Das kann in Form von Ärger, Angst, Neid, Eifersucht, Gier oder Depression sein oder über Süchte, unkontrollierbare Handlungen, vielleicht auch Destruktivität oder Mangel an Energie.

Alternativen zur Ministerkonferenz

Das Modell des Königs mit seinen Ministern beruht auf dem Raja Yoga und drängt sich geradezu auf, weil »Raja« »König« heißt. Aus der Erfahrung mit Seminarteilnehmern weiß ich aber, dass es einige Menschen gibt, die Schwierigkeiten mit den Begrifflichkeiten dieses Modells haben, weil sie bei »Königreich«, »König« und »Minister« an autoritäre Herrschaftsformen denken, daran, fremdbestimmt oder beherrscht zu werden, und sich davon nicht freimachen zu können. Da ich die Etablierung als König und die Ministerkonferenz als ein leicht einzusetzendes und trotzdem sehr wirksames Mittel erfahren habe, um zur Gelassenheit zu gelangen, wäre es schade, wenn es jemand wegen der negativen Assoziationen nicht anwenden könnte.

Da es sich bei den Ministern »nur« um Metaphern für bestimmte innere Anteile unseres Selbst handelt, können

Sie auch mit anderen Bildern arbeiten und ihnen andere Namen geben, beispielsweise eine Mitarbeiterkonferenz mit Chef, Buchhalter, Kreativdirektor, Hausmeister, Küchenfee und Empfangsdame einberufen oder eine Engelskonferenz mit dem Engel der Heilung, der Liebe, der Entwicklung, der Fürsorge.

Als mögliche Alternativen werde ich Ihnen vier weitere Konferenzen vorstellen: die Konferenz der inneren Erlauber und Antreiber, die Familienkonferenz in drei Varianten, die Konferenz der Planeten und die Konferenz der drei Doshas. Probieren Sie ruhig alle Modelle aus und gehen Sie spielerisch damit um. Das fördert nicht nur Ihr Bewusstsein für Ihre unterschiedlichen inneren Anteile, sondern auch Ihre innere Flexibilität, und es zeigt Ihnen, wie viel in diesem doch recht groben Rahmen möglich ist.

Egal für welches Modell Sie sich entscheiden oder ob Sie vielleicht sogar eine eigene Analogie entwickeln: Es geht nicht um das Modell an sich, sondern darum, dass Sie mit Ihren eigenen inneren Anteilen im Alltag besser umgehen können, dass Sie die Kräfte Ihres Geistes, Ihres Unterbewusstseins nutzen und ein engagiertes, gelassenes Leben führen können. Dazu müssen Sie allerdings immer Ihre inneren Anteile anhören und würdigen. Alles, was unterdrückt wird, wird sich irgendwann bemerkbar machen – nicht immer auf angenehme Art und Weise.

Innerer Antreiber trifft inneren Erlauber

Das Ministermodell lässt sich auch stark vereinfachen, indem es sich auf zwei Pole konzentriert: den inneren Antreiber und den inneren Erlauber. Sie sind wie Yin und Yang, Schwarz und

Raja Yoga: Alles ist Geist

Weiß, zwei Seiten einer Medaille – sie gehören zusammen und beide müssen gewürdigt werden. Beide können sich unterschiedlich ausprägen, und ich greife die fünf Hauptformen heraus:

1. der Perfektionist ↔ der Spielerische, der Genügsame
2. der Starke ↔ der Vertrauensvolle
3. der Beschleuniger ↔ der Gemütliche
4. der Angepasste ↔ der Autarke
5. der Vorschriftenmacher ↔ der Rebell

Je nach Situation finden Sie sicher noch weitere Gegenspieler, und je nach Situation hat mal der eine, mal der andere die Oberhand, denn es geht ja darum, dass Sie – theoretisch – immer der Aufgabe oder dem Problem entsprechend angemessen handeln. Da diese sehr unterschiedlich sind, kann es gar nicht sein, dass immer Perfektion oder Tempo oder Kreativität angemessen ist.

Es gilt also, in der Mini-Konferenz oder besser einer Besprechung der Gegenspieler herauszufinden, wer zum Zuge kommt. Dabei sind Sie Buddhi oder Raja, also die Führungspersönlichkeit, die beiden Seiten zuhört, sie würdigt und dann entscheidet. In vielen Fällen reicht es, nur zwei Positionen zu hören, aber bei komplexeren Sachlagen können es auch mehrere Antreiber und Erlauber sein. Dazu ein Beispiel:

Sie renovieren Ihre Wohnung, fühlen sich unter Druck, fertig zu werden, und verlieren den Spaß. Da kommt Ihnen der Gedanke, einfach ein paar Tage wegzufahren. Sofort hören Sie innerlich: »Das kannst du doch nicht machen!« Der Vorschriftenmacher hat sich gegen den Rebell gewandt. Sie fragen: »Wer hat noch etwas dazu zu sagen?« »Das muss richtig und gut gemacht werden, wenn ich es schon mache.« »Danke, Perfektionist, aber was meinst du dazu, Spielerischer?«, fragen Sie. »Ich möchte einfach etwas Neues ausprobieren. Wenn es nicht so gut wird, kann ich es immer noch verbessern.« »Ich bin doch ein Mann, das werde ich doch wohl schaffen!« »Danke, Starker. Was meint der Bescheidene dazu?« »Ich mag jetzt schon nicht mehr. Da wäre es doch gut, einen Freund um Hilfe zu bitten oder zur Not einen Handwerker zu engagieren.« So kann es noch eine Weile weitergehen, bis alle Antreiber und Erlauber gehört wurden. Vielleicht müssen Sie über die zahlreichen Stimmen in Ihnen schmunzeln – und schon geht es Ihnen etwas besser: Der Spaß, der beim Renovieren verloren gegangen ist, kommt auf andere Art und Weise zurück. Mit diesem inneren Abstand und einer gewissen Lockerheit können Sie entscheiden, wie Sie weiter vorgehen wollen.

Innere Familienkonferenzen Bei der Familienkonferenz gibt es mehrere Varianten. Sie alle verbindet, dass Sie Ihre inneren Anteile als liebenswerte, wohlmeinende Mitglieder einer inneren Familie etablieren. Wie in einer richtigen Familie möchte jedes Mitglied zu seinem Recht kommen und will gehört werden – das gilt für Kinder und Eltern. Damit nicht alle durcheinanderquasseln und am Ende nichts außer Streit dabei herauskommt, müssen Sie sich als Führungspersönlichkeit, also als Buddha oder Raja, etablieren und zum Schluss entscheiden.

Raja Yoga: Alles ist Geist

Das innere Kind im Mittelpunkt
Die Transaktionsanalyse geht davon aus, dass wir alle Anteile in uns haben, die durch unsere Kindheit erklärbar sind. Sie unterscheidet zwischen folgenden Anteilen:

- das kritische Eltern-Ich, das für kritisches Feedback zuständig ist: »Nein, so nicht. Mach es bitte anders.«
- das fürsorgliche Eltern-Ich, dem die Fürsorge zugeschrieben wird und das im Zweifel immer hilft und liebt
- das rebellische Kind-Ich, das es immer gerne anders machen möchte als die Eltern
- das angepasste Kind-Ich, das macht, was man ihm sagt
- das freie Kind-Ich, das gerne Neues ausprobiert und das Leben genießt
- das Erwachsenen-Ich als vermittelnde Instanz

Diese Anteile haben wir so verinnerlicht, dass wir sie normalerweise nur bemerken, wenn wir bewusst darauf achten oder wenn sie sich unangenehm melden. Bei innerer Unruhe ist es sinnvoll, sie zu einer Familienkonferenz zusammenzurufen, um wieder zur Gelassenheit zurückkehren zu können. Wichtig: Ihr Erwachsenen-Ich übernimmt die Führung und entscheidet am Schluss. Wie das praktisch funktionieren kann, zeigt das folgende Beispiel.
Sie wollen einen Brief schreiben und kommen damit nicht voran. Berufen Sie eine Familienkonferenz ein, um herauszufinden, woran es liegt, und befragen Sie jedes Familienmitglied: »Kritisches Eltern-Ich, kannst du mir sagen,

warum ich nicht vorankomme?« »Der Brief muss perfekt sein. Schreib endlich!« »Fürsorgliches Eltern-Ich, was meinst du dazu?« »Es ist nicht so wichtig, wie du ihn schreibst, Hauptsache, du schreibst ihn. Das schaffst du schon.« »Rebellisches Kind, was sagst du?« »Ich hab keinen Bock dazu und hab Besseres zu tun. Außerdem geht Anrufen viel schneller.« »Aha, danke. Wie siehst du das, angepasstes Kind?« »Ich streng mich noch mehr an, dann schaff ich das schon.« »Freies Kind, was meinst du dazu?« »Ich würde das per E-Mail schicken und den Text schön bunt machen und mit Smileys dekorieren. Dann macht der Brief doch richtig Spaß.« Sowie das freie Kind spricht, kommt plötzlich Energie in das Ganze. Als Führungspersönlichkeit haken Sie nach: »Kritisches Eltern-Ich, meinst du, so kann ich das machen? Rebellisches Kind, hast du auch dazu Lust? Dann mache ich es so.«

Betrachten Sie Ihre Handlungen für eine Weile mit Blick auf diese innere Familie und werden Sie sich dieser Anteile bewusst. Rebellieren Sie vielleicht manchmal nur aus Prinzip, weil Sie ein starkes, rebellisches Kind in sich haben? Oder ist Ihr angepasstes Kind so ausgeprägt, dass Sie sich schon in vorauseilendem Gehorsam anpassen? Sie können dabei viel über sich selbst lernen und sich dadurch auch bewusst gegen alte Verhaltensmuster wenden und neue entwickeln.

Die inneren Rollen erkennen

Aus der systemischen Familientherapie leitet sich das Konzept ab, unsere inneren Anteile als verschiedene Rollen zu betrachten, die wir in uns haben. Mögliche Rollen sind:

Raja Yoga: Alles ist Geist

- der Retter, der die Welt retten will
- der Despot, der bestimmen will
- der Streber, der Aufmerksamkeit will, indem er alles besonders gut macht
- der Therapeut, der alles erklären will
- der Prinz, der etwas Besonderes sein will
- der Rebell, der alles anders machen will
- der Clown, der Leichtigkeit will

Denken Sie doch einige Minuten darüber nach, wen Sie davon kennen. Sie selbst können noch viel mehr oder auch ganz andere Rollen in sich tragen.

Wie Sie eine Familienkonferenz der inneren Rollen durchführen, verdeutlicht das folgende Beispiel:

Sie möchten Urlaub machen, können sich aber nicht entscheiden, wohin, und werden immer konfuser. Kehren Sie zur Gelassenheit zurück, indem Sie sich Ihre Rollen bewusst machen, die bei dieser Frage zum Tragen kommen. Haben Sie einen Retter in sich? Dann erkennen Sie ihn an: »Aha, der Retter in mir will die Welt retten. Dann sollte ich ökologische Kriterien bei der Auswahl des Reiseziels und der Unterkunft berücksichtigen.« »Ja, unbedingt!«, meldet sich der Despot. »Und ein Bahnhof muss auch im Ort sein. Was nutzt das umweltfreundliche Hotel mit Bioküche, wenn ich mit dem Auto anreise.« Sie erkennen den Streber und wertschätzen ihn dafür, dass er sich besondere Gedanken macht. »Aber ein bisschen Luxus und Wellness muss auch sein.« »Hallo, Prinz. Ja, im Urlaub darf es mal etwas mehr sein.« Damit erkennen und wertschätzen Sie Ihren inneren Prinzen. »Nein, ich will diesmal was ganz anderes. Wie wäre es mit Campen?« »Ach, du bist es, Rebell. Danke für deinen Input.« Nachdem Sie jeden haben zu Wort kommen lassen, kennen Sie die Positionen und können entscheiden.

Die Stimmen der eigenen Familie
Die letzte Variante der Familienkonferenz, die ich Ihnen vorstelle, arbeitet mit Familienmitgliedern, die es tatsächlich gibt oder gegeben hat, und bei Bedarf auch mit konstruierten. Sie hören also in sich hinein und erkennen die Stimme Ihrer Mutter, die immer was zu meckern hatte, oder Ihres Bruders, der immer alles toll fand, oder von Tante Else, die als Erstes überlegte, was die Nachbarn dazu wohl sagen würden. Der Gedanke dahinter ist, dass Menschen, die für uns wichtig waren, in uns weiterleben und uns immer noch beeinflussen.

Möglicherweise ist die Beschäftigung mit Ihrer Herkunftsfamilie für Sie unangenehm, weil Sie Ihr Verhältnis zu einigen Familienmitgliedern als problematisch empfinden. Aber gerade die Beschäftigung mit diesen Mitgliedern kann hilfreich sein, denn auch sie wollten nur das Beste, leider auf ungeschickte Art.

Für die Familienkonferenz ist es jedoch nicht wichtig, wie etwa Ihr Vater wirklich war und sich Ihnen gegenüber benommen hat, sondern es geht darum zu erkennen, wie er sich heute in Ihnen manifestiert. Ist er die Stimme, die Sie immer ermahnt, die Stimme, die immer alles besser weiß? Oder ist er eher eine Stütze? Spüren Sie in sich hinein und hören Sie, welche inneren Familienmitglieder es gibt und was sie Ihnen zu sagen haben. Wenn Sie ängstlich, ärgerlich, traurig oder unruhig sind, fragen Sie: »Innerer Vater, was sagst du dazu?«, oder: »Welches innere Familienmitglied kann mir etwas dazu sagen?« Hören Sie auf die inneren Stimmen, identifizieren Sie, wer spricht, und bedanken Sie sich bei der inneren Schwester, dem inneren Opa oder wer es sonst war, für den Beitrag. Wenn Sie alle Stimmen wahrgenommen haben, wird es Ihnen leichtfallen zu sagen: »Ich bin nicht diese innere Familie, sie ist ein Werkzeug. Ich bin das unsterbliche Selbst.« Sie haben das innere Chaos aufgelöst und können wieder gelassen sein.

Innere Planetenkonferenz Es gibt viele Möglichkeiten, wie Sie Ihre innere Welt sehen können, viele Arten, sie zu strukturieren und auf sich selbst zu beziehen. In den unterschiedlichen Kulturen haben sich im Laufe der Jahrhunderte verschiedene Systeme entwickelt, um mit den inneren Anteilen umzugehen. Eines davon ist das System der sieben Planeten aus der klassischen westlichen und auch der indischen Astrologie. Während die ersten sechs Planeten drei Gegensatzpaare bilden, gilt Merkur als siebter, alleinstehender Planet als das verbindende Element:

1. Die Sonne symbolisiert das Strahlen, das Nach-außen-Gehen, Aktivität, Verstand.
2. Der Mond steht für Sensibilität, Liebe, Empfangen, Gefühle.
3. Mars gilt als Symbol für Durchsetzungskraft, Überwindung von Widerständen, Kämpfen, das Männliche.
4. Venus versinnbildlicht Schönheit, Genuss, Liebe, Sinnlichkeit, das Weibliche.

DIE SECHS WEGE DES YOGA UND DIE GELASSENHEIT

5. Jupiter stellt das Expansive, das Verbindende, das Lehrende dar.
6. Saturn veranschaulicht Disziplin, Regeltreue, Skepsis, Spiritualität.
7. Merkur führt alles zusammen und steht für das Verbindende, für Kommunikation.

Wie können Sie nun mit Hilfe dieses Planetensystems etwas für Ihre Gelassenheit tun? Genau wie bei den anderen Modellen können Sie eine Konferenz einberufen und die verschiedenen Standpunkte abfragen.

Stellen Sie sich vor, Sie wären Vereinsvorstand und frustriert darüber, dass sich die Mitglieder nicht engagieren und Sie die ganze Arbeit allein machen müssen. Rufen Sie Ihre inneren Planeten an, und fragen Sie: »Was habt ihr zu der Situation zu sagen?« Lassen Sie alle zu Wort kommen. Das kann von der Sonne sein: »Es wäre der richtige Zeitpunkt zu strahlen, also eine enthusiastische Rede zu halten und darüber zu sprechen, wie großartig dieser Verein ist und dass es sich lohnt mitzumachen.« Oder vom Mars: »Stell sie vor die Wahl: Entweder ihr arbeitet mit oder ich werfe alles hin.« Allein dadurch, dass Sie alle anhören, werden Sie feststellen, dass es viele Alternativen gibt, mit der Situation umzugehen. Schon das bringt Gelassenheit. Damit wird es für Intuition und Verstand viel leichter zusammenzuarbeiten, und Buddhi kann zu einer Entscheidung kommen.

Raja Yoga: Alles ist Geist

> **Statt innerer Konferenzen echte Konferenzen**
> Wenn Sie sich intensiv mit dem Modell der inneren Konferenz befasst haben und damit in Ihrem Inneren gut zurechtkommen, können Sie es auch auf schwierige Entscheidungen anwenden, an denen mehrere Menschen beteiligt sind. Dann übernimmt jeder in der Familie, der Arbeitsgruppe oder im Vorstand eine Rolle als Minister, als Planet oder aus den anderen Konferenzmodellen und vertritt sie innerhalb der Gruppe. So kommen alle Positionen offen zu Wort und werden für alle Beteiligten sichtbar. Das kann sehr helfen, eine Entscheidung zu finden, die von möglichst vielen getragen oder doch zumindest verstanden wird. Wichtig ist dabei, das Ganze zwar durchaus ernst, aber immer noch spielerisch zu nehmen.

Konferenz der drei Doshas Eine weitere Möglichkeit der inneren Konferenz ist, mit den drei Doshas aus dem Ayurveda zu arbeiten, der indischen Gesundheitslehre. Dabei geht es in diesem Zusammenhang nur um die psychischen Qualitäten, die die drei Doshas als innere Temperamente darstellen. Tatsächlich ist das Dosha-Konzept viel umfassender und auch auf andere Art sehr hilfreich, um zu mehr Gelassenheit zu gelangen. Darauf gehe ich in einem gesonderten Kapitel ab Seite 133 ein.

Werden die drei Doshas als innere Anteile verstanden wie die Minister oder die Familienmitglieder, können sie Unterschiedliches wollen. Treten sie in einer Konferenz miteinander in Verbindung, ist das ein wertvoller Beitrag zu mehr innerer Harmonie und Gelassenheit.

1. Pitta, der Feurige, ist der innere Antreiber, der Enthusiastische, der Zielorientierte, der will, dass Dinge geschehen. Stillstand nervt ihn.
2. Kapha, der Gemütliche, der Zufriedene, der Konservative, hält an Bewährtem fest, will das Leben genießen, kümmert sich um sich und andere, ist liebevoll.
3. Vata, der Spielerische, Kreative, will Neues probieren, nimmt das Leben mit Humor und Leichtigkeit, ist kommunikativ, will das Leben in seinen neuen, überraschenden Aspekten genießen.

Diese drei Bereiche trägt jeder Mensch in sich, aber sie sind unterschiedlich ausgeprägt. Normalerweise treten ein oder zwei Doshas hervor, selten sind sie ausgewogen. Eine besondere Qualität der Dosha-Konferenz ist es, auch das wenig ausgeprägte Dosha zum Zuge kommen zu lassen. Wie geht das konkret?
Stellen Sie sich vor, Sie leiten als Führungskraft ein Team, und die geforderte Umstrukturierung der Abteilung klappt nach einem vielversprechenden Start doch nicht so richtig. Sie halten sich für unfähig, ärgern sich über die Mitarbeiter, die nicht mitziehen, würden am liebsten alles hinwerfen, aber andererseits finden Sie auch, dass es irgendwie funktionieren muss. In diesem Dilemma fragen Sie Ihr Pitta: »Was meinst du dazu, Pitta? Wie kann es weitergehen? Wie kann ich die anderen motivieren? Was soll ich bis wann tun?«

Vata fragen Sie nach neuen Ideen: »Kann ich spielerischer an die Aufgabe rangehen, so dass es allen mehr Spaß macht? Sollte ich noch jemanden einbeziehen oder um Hilfe bitten?« Kapha ist naturgemäß die Kraft, die Widerstand gegen Neues wie Umstrukturierungen leistet, die aber oft unterdrückt wird, weil der Plan durchgeführt werden soll und Blockierer nicht erwünscht sind. Fragen Sie also hier genau nach: »Was brauche ich, damit nicht nur ich zufrieden bin, sondern auch die Mitarbeiter sich mit den Veränderungen wohlfühlen? Welche der bisherigen Strategien und Arbeitsweisen waren so gut, dass ich sie beibehalten sollte? Was kann das Teamgefühl noch unterstützen?« Wie immer haben Sie die Führungsrolle, können nachfragen, und am Schluss entscheiden Sie, was zu tun ist.

Kundalini Yoga: Alles ist Energie

Das Sanskritwort »Kundalini« bedeutet »die Aufgerollte« und symbolisiert die schlafende Schlange. Sie wiederum steht für die Energie in uns, die erweckt werden soll, damit wir unsere Talente, Fähigkeiten und Spiritualität – all unsere verborgenen Kräfte – leben, um letztlich zur Erleuchtung zu gelangen. Denn der »normale« Mensch kennt und nutzt nur einen kleinen Bruchteil seines Potenzials an Fähigkeiten. Jene Menschen, die ihre Kundalini-Energie erweckt haben und dadurch herausragen aus der breiten Masse, nennen wir Genie. Doch die Anlage zum Genie steckt in jedem von uns – wir nutzen sie nur nicht.

Im Kundalini Yoga spielt deshalb Prana, die Lebensenergie, die Hauptrolle. Entsprechend gelten alle Gemütszustände nur als unterschiedliche Manifestationen von Prana und können durch eine gezielte Steuerung der Energie beeinflusst werden. Der Kundalini Yoga bietet dazu spezielle Techniken. Trotzdem ist Kundalini Yoga beileibe keine reine Methode, sondern er ist auf geistig-philosophischer Ebene eng mit den bereits beschriebenen vier Yoga-Wegen verwoben. Wenn Sie sich beispielsweise fragen »Wer bin ich? Woher komme ich? Was ist der Sinn des Lebens?«, stellen Sie sich damit nicht nur die Grundfragen aus dem Jnana Yoga (siehe Seite 35), es ist auch ein Zeichen, dass Ihre Kundalini-Energie erwacht.

Kundalini Yoga und Gelassenheit

War bis jetzt die Rede davon, dass wir unsere Kundalini-Energie gezielt erwecken, so haben die Natur und die Evolution es auch umgekehrt eingerichtet, dass nämlich unser Körper instinktiv – also ohne dass wir irgendetwas bewusst dazu tun müssten – und sehr schnell eine große Menge Energie bereitstellt. Denken Sie nur daran, was passiert, wenn jemand in Ihrer Nähe »Feuer!« ruft: Egal, was Sie gemacht haben, wie müde und kraftlos Sie sich fühlten, plötzlich sind Sie wie elektrisiert, und jede Faser Ihres Körpers ist wach und bereit zu handeln. Denn sowie unser Gehirn eine lebensbedrohliche Gefahr erkennt, veranlasst es den Körper, Energie bereitzustellen, die sich in unserer Psyche in Angst oder Ärger äußert und uns zum Handeln zwingt. Dieser uralte Mechanismus hat der Menschheit bis heute das Überleben gesichert.

Kundalini Yoga: Alles ist Energie

Leider funktioniert der Mechanismus aber auch in ganz alltäglichen Situationen sehr gut: Wenn Sie gegen Ihren Vorsatz Schokokuchen gegessen haben oder Ihr Sohn sein Zimmer nicht aufgeräumt hat, werden Sie ärgerlich. Vor dem ersten Treffen mit der Familie des neuen Partners werden Sie ängstlich. In solchen Situationen kann von Gefahr oder gar Bedrohung des Lebens überhaupt nicht die Rede sein, aber die Energie ist geweckt: Wir verlieren unsere Gelassenheit und geben Angst und Unruhe Raum.

Wie Sie bereits gesehen haben, können Sie gut mit der Ministerkonferenz aus dem Raja Yoga gegensteuern. Oft ist es allerdings viel einfacher und wirkt viel schneller, am Energiezustand zu arbeiten als an der Psyche. Denn alle unsere Gemütszustände sind wie erwähnt nichts anderes als unterschiedliche Manifestationen von Prana. Ärger, Wut und Angst weisen auf ein zu hohes und gleichzeitig unruhiges Energieniveau hin, das mit den passenden Kundalini-Übungen gesenkt oder zur Harmonie gebracht werden kann. Dagegen kann ein zu niedriges Energieniveau zu traurigen oder depressiven Gemütszuständen führen, aber auch zu Angst und Reizbarkeit. In diesen Fällen helfen Kundalini-Übungen zur Steigerung von Prana.

Wenn Sie wissen, wie Sie die unruhigen Energien in Ihrem Inneren steuern können, finden Sie schnell zur Gelassenheit zurück. Die Lampenfieber-Transformationsatmung auf Seite 101 war bereits ein Beispiel dafür ebenso wie Murccha, die Ärger-Transformationsatmung (Seite 105). Mit der Feueratmung Kapalabhati (Seite 148) und der Aufladeübung (Seite 162) dagegen regen Sie Ihre Lebensenergie an, wenn Sie müde oder niedergeschlagen sind. Im praktischen Teil des Buchs werde ich Ihnen noch weitere Kundalini-Techniken vorstellen.

Hatha Yoga: Alles ist Bewegung

In der westlichen Welt ist Hatha Yoga der bekannteste und am weitesten verbreitete Weg des Yoga. Wenn das Wort Yoga fällt, denkt fast jeder sofort an die zum Teil akrobatisch anmutenden Körperstellungen, die sogenannten Asanas. Tatsächlich gilt Hatha Yoga als Yoga der Körperbeherrschung, und die Körperübungen stehen dabei ganz klar im Mittelpunkt. Doch ähnlich wie beim Kundalini Yoga umfasst Hatha Yoga viel mehr und ist letztlich die körperliche Ausprägung der vier geistig-philosophischen Yoga-Wege Jnana, Karma, Bhakti und Raja.

Der Begriff leitet sich ab von den beiden Sanskritworten »Ha« und »Tha« für »Sonne« und »Mond«, kombiniert mit »Yoga«, dem Begriff für Einheit und Harmonie. Damit ist kurz und knapp das Ziel des Hatha Yoga beschrieben: die Harmonisierung der beiden Grundenergien unseres Körpers, der Sonnen- und Mondenergie. Dass das auch mit Mühen verbunden sein kann, deutet die Übersetzung von »Hatha« an: Es bedeutet »Anstrengung, Bemühung« – im Streben nach einem selbstverantwortlichen, spirituellen Leben, das zu tiefer innerer Gelassenheit und letztlich zur Erfahrung des Göttlichen führt.

Ha und Tha – Sonne und Mond

Was in der chinesischen Philosophie Yin und Yang sind, stellen in der indischen Philosophie, im Yoga und im Ayurveda, Ha und Tha, Sonne und Mond, dar. Es sind die beiden Grundenergien, die uns aktivieren. Dabei gilt die Sonnenenergie als die wärmende, aktivierende, zentrierende, männliche Energie (Yang), als Kraft der Vernunft, während die Mondenergie als weiblich, beruhigend, loslassend, aufbauend, kühlend, regenerierend (Yin), als die Energie der Intuition angesehen wird. Rechtes und linkes Nasenloch stehen laut Hatha Yoga in Verbindung mit den beiden Energiepolen. Die Energieleitbahn der Sonne heißt Pingala und ist mit dem rechten Nasenloch verbunden. Jene des Monds heißt Ida und führt zum linken Nasenloch. Gezieltes, aber auch unbewusstes Atmen durch eines der beiden Nasenlöcher verstärkt die jeweilige Energie. Wenn also das rechte Nasenloch stärker geöffnet ist als das linke, dann fühlen Sie sich wahrscheinlich wärmer, aktiver, zentrierter und gleichzeitig durchsetzungsstärker. Wenn Ihr linkes Nasenloch aktiver ist, dann fühlen Sie sich vermutlich etwas ruhiger, beruhigter, die Intuition ist ausgeprägter, und Sie können sich besser regenerieren. Der Bauch bzw. das Sonnengeflecht gilt als Sitz der Sonnenenergie, die Stirn als jener der Mondenergie. Sollen Ha und Tha harmonisiert werden, hilft es, sich in der Meditation auf die Kehle zu konzentrieren.

DIE SECHS WEGE DES YOGA UND DIE GELASSENHEIT

Durch Körperarbeit zur Gelassenheit

Das Ziel des Hatha Yogas ist, den Geist zur Ruhe zu bringen, denn nur dann ist die Erkenntnis des unsterblichen Selbst möglich. Mittel, um dieses Ziel zu erreichen, sind die Körperübungen. Dazu gehören Atemübungen (= Pranayama), Entspannungsübungen, Meditationen, Körperstellungen (= Asanas) und andere. Alles zusammen führt zu einer zunehmend bewussteren Körperwahrnehmung. Das Hineinspüren in sich selbst wird immer einfacher, wird immer mehr zur Gewohnheit, so dass das Handeln im Außen immer stärker in Einklang mit der Intuition und dem Gefühl im Inneren steht. Je ausgeprägter diese Harmonie wird, desto weniger innere Unruhe entsteht, desto größer ist die Gelassenheit.

Da Körper und Psyche, wie Sie schon gesehen haben, im engen Zusammenhang miteinander stehen, sind die Körperübungen des Hatha Yogas auch eine Arbeit am Geist. Das wusste bereits Patanjali, es steht in der Hatha-Yoga-Pradipika (siehe Seite 70) und ist längst von den modernen Neurowissenschaften bestätigt worden.

Wenn Sie Hatha Yoga üben, beeinflussen Sie Ihren Körper, Ihre Energien und Ihre Regeneration auf positive Weise. Dadurch werden Sie weniger reizbar und finden zurück zur Gelassenheit. Schon allein die Konzentration auf die Körperübungen bedeutet für den Geist eine Auszeit vom Alltagsstress. Die Bewegung des Körpers bei den Asanas löst Muskelspannungen, und die Entspannungsübungen bringen geistige Ruhe.

Hatha Yoga: Alles ist Bewegung

Asanas wirken gegen Stress Auseinandersetzungen mit dem Chef, ein unzufriedener Kunde, ein uneinsichtiger Finanzbeamter, eine Politesse, die Knöllchen schreibt, ein schimpfender Nachbar – nichts davon ist lebensbedrohlich, aber sowie wir uns ärgern und gestresst sind, aktiviert unser Körper den uralten, vielfach bewährten Kampf-oder-Flucht-Mechanismus und stellt Energie für eine blitzschnelle körperliche Reaktion bereit. Die Stresshormone Adrenalin, Noradrenalin und Kortisol flitzen durch unseren Körper und veranlassen eine schnelle, flache Atmung und angespannte Muskeln. Doch all das brauchen wir gar nicht. Was passiert? Die Atmung beruhigt sich nach einer Weile wieder, aber die Muskelanspannung lässt nur wenig nach. Wenn wir sie nicht bewusst durch körperliche Aktivität auflösen, sammeln sich diese Verspannungen und rufen langfristig Rückenprobleme und andere Krankheiten hervor. Dem können Sie mit der Ministerkonferenz auf geistiger Ebene bewusst entgegenwirken und mit den Asanas aus dem Hatha Yoga auf körperlicher Ebene. Zusammen mit den Atemübungen lösen sie Energieblockaden und lassen Ihr Prana wieder frei fließen.

Mehr Gelassenheit durch Akzeptanz des eigenen Temperaments

Erinnern Sie sich noch an den Satz aus dem Raja Yoga: »Nicht alle Königreiche sind gleich«? Jeder Mensch ist anders, besitzt andere Talente, Fähigkeiten und Eigenschaften und hat ein eigenes Temperament. Deshalb kann auch Gelassenheit nicht für alle Menschen dasselbe bedeuten. Für einen Phlegmatiker mag Gelassenheit etwas ähnlich Ruhiges bedeuten wie die spiegelglatte Ostsee im Sommer, während ein Choleriker für seine Gelassenheit eher den normalen Wellengang der Nordsee im Frühjahr oder Herbst zum Vergleich heranziehen würde. Umgekehrt: Wenn ein Phlegmatiker sich aufregt, wird das einem Choleriker wie ein Sturm im Wasserglas erscheinen, weil seine eigene Aufregung eher einem Tornado gleicht. Es kommt also sehr auf den Vergleichsmaßstab an: Unterschiedliche Temperamente erreichen unterschiedliche Levels oder Ausdrucksformen von Gelassenheit.

Damit Sie nicht Ihr Leben lang vergeblich nach einer Art von Gelassenheit streben, die Sie gar nicht erreichen können, ist es wichtig, das eigene Temperament zu kennen – und vor allem anzuerkennen. Die indische Gesundheitslehre Ayurveda kann dazu mit ihrem Konzept der drei Temperamente, der sogenannten Doshas, einen wertvollen Beitrag leisten.

Ayurveda ist das älteste überlieferte Gesundheitssystem der Welt. Die Sanskritworte »Ayus« und »Veda« bedeuten »Leben« und »Wissen«. Folglich geht es um viel mehr als nur um die medizinischen Aspekte des menschlichen Körpers, es geht um ein ganzheitliches Lebenskonzept, das Lebendigkeit, Freude, Lebenskraft und Gesundheit fördert. Das ist eine gute Grundlage für Yoga, das Streben nach Harmonie, nach Einheit mit dem Göttlichen. Dementsprechend sind Yoga und Ayurveda seit Jahrtausenden miteinander verwoben und ergänzen einander: So gehören die Atemübungen, Meditationen und Asanas aus dem Yoga zu den gängigen Anwendungen im Ayurveda, und die ayurvedische Ernährung oder die ayurvedischen Reinigungstechniken werden im Yoga unterstützend angewandt, um die Klarheit des Geistes zu fördern.

❦ Die drei Doshas im Ayurveda ❦

Die Lehre des Ayurveda beruht auf der Unterscheidung der drei Doshas Pitta, Vata und Kapha. Das Sanskritwort »Dosha« bedeutet »beeinflussende Faktoren« und wird auch oft mit »Bioenergie« oder »Temperament« übersetzt. Das Dosha-System ist sehr komplex. Ich werde es etwas verkürzt darstellen und mich auf die Aspekte beschränken, die für das Streben nach Gelassenheit hilfreich sind. Für Gelassenheit ist es wichtig, die eigenen Stärken, das eigene Temperament zu leben. Wenn Sie Ihrem Temperament gemäß leben, befinden Sie sich in Ihrer Mitte, in Ihrer Kraft und leben in Freude und Harmonie.

Jeder Mensch hat die drei Doshas in sich, aber in unterschiedlichen Anteilen. Bei manchem herrscht nur ein Dosha vor, bei anderen überwiegen zwei. Dann sprechen wir beispielsweise vom Kapha-Typ oder vom Pitta-Vata-Typ. Selten sind die drei Doshas ganz gleichmäßig in einem Menschen ausgeprägt – und das ist auch nicht nötig. Damit es hierbei nicht zu Missverständnissen kommt: Es ist keinesfalls das Ziel von Ayurveda, die drei Doshas so auszugleichen, dass jedes zu einem Drittel zum Zuge kommt. Jedes Königreich ist anders und soll sich auf die ihm gemäße Art und Weise harmonisch entfalten können. Dazu gehört auch, dass je nach Lebensphase mal das eine, mal das andere Dosha in den Vordergrund kommen kann.

Problematisch wird es erst, wenn die drei Elemente aus ihrem natürlichen Gleichgewicht gebracht werden, wenn sich also ein Dosha stärker ausprägt, als von der Natur für

> ### Die klassischen westlichen Temperamente
> Seit Galen, dem griechischen Arzt römischer Herkunft (vermutlich 129–199 n. Chr.), unterscheidet die westliche Welt vier Temperamente:
>
> - Der Choleriker ist schnell aufbrausend, ihm wird das Element Feuer zugeschrieben.
> - Der Sanguiniker gilt als heiter und leichtsinnig, ihm entspricht das Element Luft.
> - Der Phlegmatiker wirkt träge und schwerfällig und ist dem Element Wasser verbunden.
> - Der Melancholiker gilt als nachdenklich und traurig, ihn verkörpert das Element Erde.
>
> Wissenschaftlich betrachtet ist diese Temperamentenlehre überholt, hat aber die moderne Persönlichkeitsforschung angeregt.

den betreffenden Menschen vorgesehen. – Die Fachkundigen unter den Lesern kennen dazu die ayurvedische Unterscheidung von Prakriti, dem natürlichen Temperament, und Vikriti, dem gestörten Temperament. – Dann sollte gemäß Ayurveda dieses Zuviel nach Möglichkeit reduziert werden. Wenn Sie etwa zu viel Vata hätten, also mehr als für Sie angemessen, dann litten Sie unter Schlafstörungen, Ängsten, Konzentrationsproblemen, Nervosität: von Gelassenheit keine Spur. Dem könnten Sie wie in den letzten Kapiteln beschrieben mit Schicksalsannahme und Ministerkonferen-

Die drei Doshas im Ayurveda

zen wirkungsvoll begegnen. Da der Grund für Ihre innere Unruhe aber übersteuertes Vata wäre, würden Sie zwar zur Ruhe gelangen, aber immer nur kurzfristig. Eine hervorragende und längerfristig wirksame Maßnahme für eine dauerhafte und zu Ihrem Temperament passende Gelassenheit wäre, Vata zu verringern, etwa durch einen geregelten Tagesablauf, Achtsamkeits- und Atemübungen.

Pitta – das feurige Temperament

Im Ayurveda steht das Pitta-Temperament für Feuer. Menschen mit starkem Pitta handeln voller Begeisterung und freuen sich, etwas bewirken zu können. Sie setzen sich Ziele und setzen diese meist durch. Sie wollen andere mitreißen, können lange, intensiv und konzentriert arbeiten und ziehen ihre größte Befriedigung daraus, wenn ihre Pläne gelingen. Pitta-Menschen sind gute Führungspersönlichkeiten. Aus Sicht des Karmas haben ganz besonders sie die Aufgabe, etwas im Leben zu bewirken. (Natürlich auch alle anderen Menschen, aber die Aufgaben für Pitta-Typen dürfen ruhig etwas größer sein.)
Charakteristisch für Pitta-Menschen ist, dass sie sich gelegentlich ärgern und aufregen, wenn es nicht so läuft wie geplant, oder sie regen sich auf, wenn es ihnen zu langsam geht. Diese kleinen »Ausfälle« aus der Gelassenheit sind kein Problem, solange die Betroffenen recht bald ihre innere Balance wiederfinden.

Pitta-Übersteuerung – das hilft gegen zu viel Feuer

Übermäßige Reizbarkeit, unverhältnismäßige und häufige Zornesausbrüche, nagender innerer Frust und Ärger – all das sind Zeichen für ein übersteuertes Pitta-Dosha. Es macht sich auch in innerer Hitze und Schweißausbrüchen bemerkbar. Typische Krankheiten sind Kopfschmerzen, Magen-Darm-Geschwüre, Schmerzen und Entzündungen. Klassische Ratschläge im Ernährungsbereich, um Pitta zu reduzieren, sind: viel Kaltes trinken, viel Rohkost essen, Meiden von scharfen Gewürzen, Fleisch, einem Übermaß an Zucker, schwarzem Tee, Kaffee und Alkohol. Außerdem nicht zu viel essen, zu festen Zeiten essen, zwischen zwei Mahlzeiten nichts und nicht zu spät am Abend essen.

Darüber hinaus sind Entspannung und Ruhe wichtig: Gerade jemand mit hohem Pitta braucht unbedingt jeden Tag zweimal Tiefenentspannung. Es ist gut, am Morgen zu meditieren und den Tag in Gleichmut zu beginnen sowie in der Mittagspause und abends oder vor dem Schlafengehen eine fünf- bis zehnminütige Tiefenentspannung zu machen. Jemand, der sehr starkes Pitta hat, braucht auch ausreichend Schlaf. Zumindest für die Zeit der Pitta-Übersteuerung ist es wichtig, sich einen freien Tag pro Woche, vielleicht ein freies Wochenende, zu nehmen, einige Stunden bewusst zu verbringen, ohne irgendetwas Nützliches zu machen.

Zur Unterstützung bieten sich aus dem Hatha Yoga tägliche Atemübungen an, z. B. die Wechselatmung Anuloma Viloma (Seite 193), Murccha (Seite 105) und Shitali (Seite 137) sowie Asanas (z. B. Sonnengruß, Vorwärtsbeuge, Kobra, Drehsitz).

Die drei Doshas im Ayurveda

Atemübung zur Kühlung von Pitta: Shitali

Du rollst die Zunge längs oder quer (gegen die Schneidezähne) und atmest zischend ein. Dann atmest du durch die Nase aus. Du atmest wieder zischend ein und stellst dir dabei vor, eine kühlende Energie fließt von Kopf bis Fuß. Atme durch die Nase aus und stelle dir vor, dein ganzer Körper entspannt und kommt zur Ruhe. Atme wieder die kühlende Energie ein. Atme durch die Nase aus und spüre, wie dein ganzes System ruhig und gelassen kühl wird.

Variationen: Wölbe beim Einatmen den Brustkorb, neige Kopf und Schultern leicht nach hinten, öffne dein Herz. Nun noch einmal wie beschrieben ein- und ausatmen.

Du kannst das auch mit einer Handbewegung verbinden: Nimm beim Einatmen die Hände nach oben, Brustkorb gewölbt, Kopf leicht nach hinten. Atme aus, und lege die Hände auf den Brustkorb zum Herzen. Spüre, wie dein Herz aktiv wird, wie du Freude im Herzen spürst. Wiederhole das noch zwei-, dreimal im eigenen Rhythmus. Spüre diese kühlende, beruhigende, herzöffnende, freudvolle Energie. Atme zum Abschluss ein paar Mal normal weiter und genieße diesen Zustand der Ruhe und der Harmonie.

Shitali ist eine Atemübung zur Kühlung und Beruhigung, geeignet, um Pitta-Dosha zu reduzieren und Kapha zu erhöhen, auch um Schmerzen zu lindern. Shitali vermindert Heißhunger, reduziert Entzündungen und ist allgemein günstig, um kühler zu werden, auch im Sommer.

Sie können Shitali im Sitzen oder im Stehen üben, auch im Gehen, Laufen oder beim Autofahren. Es gibt sogar eine kleine lautlose Variation, die Sie selbst in einer Konferenz oder in einer Besprechung machen können: Den Mund nur leicht öffnen, beim Einatmen über die Zunge sanft einatmen und beim Ausatmen über die Nase ausatmen.

Vata – das luftig-leichte Temperament

Das Vata-Dosha steht im Ayurveda für das Luftelement. Menschen mit Vata-Element sind kommunikativ, neugierig und kreativ. Sie lieben die Abwechslung, reisen gerne, interessieren sich für alles Mögliche, freuen sich auf intellektuelle Herausforderungen und gehen gerne spielerisch verschiedene Möglichkeiten durch. In einem Beruf, in dem sie diese Eigenschaften ausleben können, bewirken sie viel. Zumal sie immer jemanden kennen, den sie um Unterstützung bitten können.

Klassisch bei Vata-Typen ist aber auch, dass sie bei Pitta- und Kapha-Menschen anecken, die sich über mangelnde Beständigkeit und Verlässlichkeit beklagen. Diese beiden Eigenschaften müssen die Vata-Charaktere in der Zusammenarbeit mit anderen bewusst anstreben, denn aufgrund ihrer Neugierde folgen sie häufig schon wieder einer neuen Idee und stellen dafür Abgesprochenes hintan. Dann gelten sie schnell als wechselhaft und werden nach einer Weile nicht mehr ernst genommen.

Vata-Übersteuerung – so kommen Sie zurück auf die Erde

Nervosität, innere Unruhe, Schlafstörungen, Verdauungsprobleme, alle möglichen Ängste, Unzufriedenheit, auch Hoffnungslosigkeit, Ziellosigkeit und Entscheidungsprobleme können Anzeichen für einen Überschuss an Vata-Energie sein. Wenn Sie mehrere dieser Merkmale bei sich wahrnehmen und in Ihren äußeren Umständen bereits vergeblich nach Ursachen dafür gesucht haben, ist es wahrscheinlich, dass Sie zu viel Vata haben.

Ein Überschuss an Vata entsteht oft dadurch, dass wir zu viel machen, was Vata erhöht. Dazu gehören häufiges Reisen, ein unruhiger Tagesablauf, wechselnde Anforderungen, Rampenlicht, sehr viel Abwechslung im Privatleben, ungeregelte Essenszeiten, Essen im Stehen, im Gehen, beim Telefonieren oder Fernsehen. Außerdem führen Ängste wie Zukunftsängste oder mangelnde Sicherheit zu einer Übersteuerung von Vata. Man kann durchaus sagen, unsere heutige Welt ist eine Vata-Welt: Sie lenkt uns ständig ab, sie führt dazu, dass wir kaum zur Ruhe kommen, wenn wir nicht aktiv darauf achten. Nicht umsonst haben sehr viele Menschen gerade im Westen Vata-Überschuss und damit einhergehende Vata-Störungen und -Krankheiten.

Aus diesen Ursachen für zu viel Vata ergeben sich auch schon die Gegenmaßnahmen: ein geregelter Tagesablauf mit festen Uhrzeiten fürs Aufstehen und Schlafengehen und mit festen Essenszeiten – egal ob Sie ausgeschlafen, müde oder hungrig sind oder nicht. Essen Sie mehr gekochte, beruhigende und leicht verdauliche Speisen.

Üben Sie täglich Meditation (Seite 198) und Tiefenentspannung (Seite 194) vor dem Einschlafen oder in nächt-

lichen Wachphasen und eher beruhigende Asanas wie Vorwärtsbeuge, Drehsitz, Baum. Auch Kavacham (Seite 164), die Übung zum Aufbau eines schützenden Energiefelds, ist nützlich. Besonders die Wechselatmung Anuloma Viloma (Seite 193), Ujjayi Pranayama (Seite 141), Surya Bhedana (Seite 142) sowie Murccha (Seite 105) sind hilfreich. Auch Vertrauen in das Leben als Ganzes kann Ihnen helfen, wieder zur Ruhe zu kommen. Unterstützen Sie es mit Affirmationen wie: »Ich habe Vertrauen.«
Sehr hilfreich bei einer Vata-Störung ist Erdung. Die können Sie schon durch sportliche Anstrengungen erreichen, durch Gartenarbeit, bewusste Spaziergänge in der Natur oder mit einer einfachen Erdungsübung zwischendurch (Seite 143).
Zwei kleine Anmerkungen noch: Wenn Sie Vata-Mensch sind und einen Vata-Überschuss haben, brauchen Sie diese Vorschläge nur eine gewisse Zeit lang umzusetzen. Denn natürlich benötigen Sie als Vata-Mensch Abwechslung, viel Kommunikation, Reisen etc. – und es gilt ja auch, seinem Temperament zu folgen. Je nachdem, wie stark der Vata-Überschuss ist, dauert es eine bis vier Wochen, und dann können Sie wieder ein vatagemäßes Leben führen. Für Pitta- und Kapha-Menschen dagegen ist es generell besser, die Vata-Unruhe etwas aus ihrem Tagesablauf zu nehmen.

Die drei Doshas im Ayurveda

Atemübung zur Harmonisierung von Vata: Ujjayi

Der Ujjayi-Klang entsteht, wenn du die Stimmritze etwas verengst und mit geschlossenem Mund ausatmest (so ähnlich, als wolltest du den Buchstaben »H« erzeugen).

Atme bei dieser Übung immer durch die Nase und lege dabei die Hand auf den Bauch. Atme vier Sekunden lang ein, der Bauch wölbt sich dabei nach außen. Dann atme vier Sekunden lang aus und erzeuge dabei den Hauchklang, der Bauch sinkt ein. Atme ein ...

Du kannst dir dabei eine warme Sonne im Bauch vorstellen oder deine Bewusstheit im Bauch konzentrieren, so kommst du zur Ruhe. Gerade Vata-Störungen werden beseitigt durch Ruhe im Bauch.

Du kannst Ujjayi auch mit Affirmationen üben. Beim Einatmen: »Ich ruhe ...«, ausatmen: »... in mir selbst.« Oder auch einatmen: »Ich habe ...«, ausatmen: »... Vertrauen.« Oder einatmen: »Ich bin angekommen«, ausatmen: »Ich lasse ganz los.«

Ujjayi Pranayama fördert Wärme, Ruhe, Zentrierung und Vertrauen. Ujjayi kannst du im Alltag üben, beim Sitzen, Liegen, Gehen oder Stehen. Du kannst Ujjayi auch lautlos üben, dazu nur sanft die Stimmritze verengen.

Atemübung zur Beruhigung von Vata: Surya Bhedana

Die Übung ist vom Grundsatz her ganz einfach: Du atmest durch das rechte Nasenloch ein, hältst die Luft an und atmest doppelt so lange durch das linke Nasenloch aus. Dabei kannst du innerlich Affirmationen sprechen, wenn du magst.

Beuge Zeige- und Mittelfinger der rechten Hand so, dass die Fingerspitzen den Daumenballen berühren. Automatisch sind Ringfinger und Daumen leicht gestreckt. Diese Handhaltung nennt man »Vishnu Mudra«, sie fördert die innere Harmonie.

Atme nun vollständig aus. Schließe das linke Nasenloch mit dem Ringfinger und atme rechts vier Sekunden ein. Dabei kannst du dir neues Licht, Kraft, Positivität vorstellen. Schließe nun mit Ringfinger und Daumen beide Nasenlöcher und halte die Luft etwa acht Sekunden lang an. Du kannst dabei innerlich sagen: »Ich ruhe in mir selbst, ich habe Vertrauen.« Dann löse den Ringfinger und atme links etwa acht Sekunden lang aus, stelle dir vor, du entspannst dabei. Du kannst dabei denken: »Entspannen und loslassen.« Dann schließe wieder das linke Nasenloch und atme rechts vier Sekunden ein, halte die Luft an, atme links aus, entspanne dabei.

Atme auf diese Weise insgesamt achtmal ein und aus, und wenn du magst, sprich innerlich die Affirmationen, um die Wirkung der Übung zu verstärken.

Oft reichen schon ein paar Runden von Surya Bhedana, um wieder zentriert zu sein, wieder Wärme und Mut zu haben, strah-

Die drei Doshas im Ayurveda

len zu können. All das hilft beim Übermaß an Vata, es beruhigt und wirkt außerdem Kapha entgegen, ist also auch gut gegen Antriebslosigkeit, Müdigkeit oder Trägheit.

❦ ❦ ❦

Übung zur Erdung

Sitze gerade auf einem Stuhl oder stehe gerade, Hauptsache die Fußsohlen sind flach auf dem Boden. Atme einige Male tief in den Bauch. Spüre dann die Erde unter deinen Füßen. Stell dir vor, dass aus deinen Füßen Wurzeln wachsen, die dich mit der Erde verbinden. Mit diesen Wurzeln nimmst du die sanft harmonisierende und kräftigende Erdenergie auf. Spüre, wie sie in dir hochsteigt, über Waden und Oberschenkel in den Bauch, von dort in die Brust, die Arme und weiter nach oben bis in deinen Kopf. Du kannst die Vorstellung mit deiner Atmung verknüpfen und mit dem Einatmen Erdenergie bis ins Becken und mit dem Ausatmen bis in den Kopf schicken.
Du kannst das erweitern und dir zusätzlich vorstellen, dass du von oben die Energie der Sonne aufnimmst.
Beide, Erd- und Sonnenenergie, können Vata ins Gleichgewicht bringen und helfen Ihnen, sich zu zentrieren. Sie können diese Übung fast überall machen: am Schreibtisch, in der Bahn, in der Kassenschlange, allerdings nicht im Gehen.

Lieber an den Stärken oder an den Schwächen arbeiten?

Sie kennen inzwischen Ihre Stärken und Ihre Schwächen. Woran sollten Sie arbeiten, um sich zu verbessern? Im Allgemeinen ist es effektiver, an den eigenen Stärken zu arbeiten. Wenn Sie an Ihren Schwächen arbeiten, dann werden Sie bestenfalls mittelmäßig. Arbeiten Sie dagegen an Ihren Stärken und nutzen sie, dann haben Sie eine gute Chance, wirklich top zu werden. Trotzdem sollten Sie zumindest insofern an Ihren Schwächen arbeiten, als diese verhindern, dass Ihre Stärken sichtbar werden können.

Es nutzt nämlich gar nichts, wenn Sie zum Beispiel ein Topprogrammierer sind und in einem Unternehmen arbeiten, in dem Pünktlichkeit eine große Rolle spielt, und ständig anecken, weil Sie ein paar Minuten, eine Stunde zu spät sind oder eine Stunde länger bleiben wollen, als es in der Firma üblich ist. In so einem Fall sollten Sie an Ihrer Schwäche arbeiten, sich disziplinieren und eine Weile pünktlich sein. Erst wenn Sie wirklich Gutes geleistet haben, bekommen Sie immer mehr Freiräume und Spielräume.

Die drei Doshas im Ayurveda

Kapha – das erdverbundene Temperament

Im Ayurveda symbolisiert Kapha die Elemente Wasser und Erde. Wenn ein Kapha-Mensch innerlich ausbalanciert ist, verkörpert er die Ruhe selbst. Gelassenheit ist für ihn dann kein Thema – er lebt Gelassenheit. Er ist gemütlich, beständig, unaufgeregt. Er wägt gründlich ab, bevor er sich für etwas einsetzt, und hat dann einen sehr langen Atem, um sein Ziel zu verfolgen, zeigt sich geduldig und zäh. Er springt nicht auf jeden Zug auf, sondern wartet ab, wie sich die Dinge entwickeln. Das macht ihn vor allem langfristig erfolgreich im Leben. Zuverlässigkeit und Treue charakterisieren seinen Umgang mit der Welt: Das gilt für Freundschaften, Liebe und Familie genauso wie für den Beruf. Dabei kennzeichnen ihn eine gewisse Heiterkeit, ein guter Humor und menschliche Wärme. Außerdem gilt Kapha unter den Doshas als Genießer: Der Kapha-Typ weiß gutes Essen genauso zu schätzen wie den Kultur- oder Naturgenuss. Er nimmt sich Zeit für Muße und Entspannung, liebt die Gemütlichkeit. Zudem hat er Verständnis für menschliche Schwächen und Aufregungen. Mit einem »Das geht schon alles vorüber« bleibt er ein Fels in der Brandung und verkörpert damit im Grunde die yogische Weisheit der Nicht-Identifikation. Ein ausgeglichener Kapha-Mensch ist ein Segen für seine Umgebung und jeder ist gern mit ihm zusammen.

Kapha-Übersteuerung und wie Sie wieder herauskommen Innerliche Starrheit, geistige Unbeweglichkeit, Antriebslosigkeit, eine gewisse Faulheit und Trägheit, Schwarzseherei, die Neigung zum Rückzug, Schwermut oder am Sinn von allem zu zweifeln, sind Zeichen für ein übersteuertes Kapha-Dosha, ebenso wie das Bedürfnis, besonders viel zu schlafen. Wenn Sie merken, dass Sie lieber mit Chips vorm Fernseher liegen, als Ihre Freunde zu treffen, dass Sie alles in sich hineinfressen – sowohl Seelisches als auch Nahrung –, dass Sie dicker werden und zu Diabetes und Arteriosklerose neigen, ist Ihr Kapha zu stark ausgeprägt. Das gilt nicht nur für Kapha-Typen, sondern auch für Menschen mit den anderen Temperamenten. Gerade Pitta- und Vata-Typen, die nach mehr Ruhe und Gleichmut streben, kann es treffen, wenn sie ihre Bemühungen um innere Ruhe übertreiben und gegen ihr eigentliches Temperament leben. Deshalb ist es so wichtig, das eigene Temperament zu kennen und anzunehmen.

Wenn Sie als Kapha-Mensch bemerken, dass bei Ihnen Kapha übersteuert, müssen Sie wieder in die Gänge kommen, und das erfordert Disziplin: Sie müssen sich mehr bewegen, mehr unternehmen, weniger Süßes und Fettes essen. Stattdessen sollten scharf gewürzte oder bittere Speisen Ihren Menüplan bestimmen. Dazu gehören gemäß Ayurveda Gemüse wie Chicorée, Mangold, Artischocken und Spinat. Selbst Kaffee und Schwarztee sind in diesem Fall gut. Damit die Umstellung klappt, hilft ein strukturierter Tages- und Wochenplan, in dem Sie Ihre Bewegungseinheiten fest einplanen, und zwar am besten zusammen mit anderen Menschen. Versuchen Sie auch, sich gezielt mit Pitta- und Vata-Menschen zu verabreden, die sehr anregend wirken.

Hilfreich sind außerdem sanfte, aber doch energetisierende Yoga-Übungen (z. B. Krokodil, Schulterstand, Vor-

Die drei Doshas im Ayurveda

wärtsbeuge, Drehsitz), energieerzeugende Meditationen wie Chakra- oder Mantrameditation, Atemübungen wie Agni Sara (Seite 147), Kapalabhati (Seite 148), Wechselatmung Anuloma Viloma (Seite 193) und Surya Bhedana (Seite 142), anregende Massagen, wechselwarmes Duschen und Reinigungstechniken (sogenannte Kriyas) oder Entgiftungskuren wie Rohkost-, Reis- oder Fastentage sowie Fastentage mit Einlauf. Ayurveda empfiehlt auch Ama-Kuren (Seite 150) oder Panchakarma-Kuren, die meist mehrere Wochen dauern und den Körper intensiv reinigen und die Selbstheilungskräfte aktivieren, etwa durch Sauna, spezielle Diät, Einläufe, Massage, Yoga und Meditation.

Ein Tipp zum Schluss: Wählen Sie eine schöne Umgebung und eine angenehme Atmosphäre bei all diesen Maßnahmen, das erhöht die Chance, dass Sie dabeibleiben und aus Ihrer Kapha-Übersteuerung herauskommen.

Aktivierung des inneren Feuers: Agni Sara

Stell dich aufrecht hin, Beine etwa hüftbreit auseinander. Atme ein, richte dich dabei auf, und dann atme durch den Mund vollständig aus, gehe dabei leicht in die Knie und stütze die Hände auf den Knien ab. Die Schultern bleiben etwas höher als das Becken. Nun ziehe ohne zu atmen, mit leeren Lungen, den Bauch ein und lass ihn wieder nach vorne schnellen. Bauch einziehen, nach vorne, Bauch einziehen, nach vorne, einziehen, nach vorne, einziehen, nach vorne, einziehen, nach vorne. Dann lass den Bauch vorne und atme tief, vollständig wieder ein, dann atme aus. Das war jetzt die erste Runde.

Mach noch zwei weitere Runden und spüre, wie du Agni, das innere Feuer, aktivierst, wie dir warm wird. Dann atme ein paarmal normal ein und aus. Spüre weiter die Wärme, die Sonnenenergie im Bauch und wie sie weiterstrahlt zu Brustkorb, Armen und Händen, zu Oberschenkeln und Füßen, zu Hals und Kopf.

»Agni« heißt »Feuer«: Ihr inneres Feuer gibt Ihnen Wärme, Kraft und es gibt gute Energie. Agni Sara machen Sie am besten mit leerem Bauch. Es ist eine gute Übung morgens früh direkt zum Aufwachen oder vor dem Essen, weil sie Agni, das Verdauungsfeuer, entfacht. Sie wirkt sehr gut gegen Verstopfung und alle Arten von Verdauungsproblemen. Agni Sara können Sie auch üben, wenn Sie sich tagsüber blockiert fühlen, etwa nach einer schwierigen Situation, wenn sich der Bauch verkrampft hat oder sich zusammenzieht.

Schnellatmung, auch Feueratmung genannt: Kapalabhati

Sitze gerade, lege eine Hand auf den Bauch und atme durch die Nase drei bis vier Sekunden lang ein, der Bauch geht hinaus, dann atme drei bis vier Sekunden lang aus, der Bauch geht hinein. Atme so zur Vorbereitung ein paarmal.

Beim Kapalabhati selbst atmest du schnell aus, dann sanft ein.

Atme jetzt normal aus, atme ein und beginne. Atme schnell aus, sanft ein, atme wieder schnell aus, dann atme bequem ein. Mache so etwa zehn bis zwanzig schnelle Atemstöße. Danach atme zweimal tief und normal ein und aus. Nun atme bequem ein und fülle die Lunge zu etwa Dreiviertel. Halte die Luft an. Konzentriere dich auf den Bauch, vielleicht spürst du dort Wärme. Vielleicht kannst du dir auch vorstellen, dass Energie hochsteigt vom Bauch über die Brust zum Kopf oder durch die Wirbelsäule nach oben. Fühle dich belebt und voller Kraft. Halte die Luft so lange an, wie es dir angenehm ist. Wann immer der Impuls zum Ausatmen kommt, atme wieder normal weiter.

Mache noch zwei Runden wie beschrieben und konzentriere dich danach beim Luftanhalten auf Stirn und Scheitelgegend. Vielleicht spürst du dort ein Licht oder ein Strahlen. »Kapalabhati« heißt »strahlender Kopf«. Spüre dieses Strahlen und diese Leichtigkeit. Atme langsam und vollständig aus. Dann atme ein paar Mal normal weiter und spüre dieses Gefühl von Energie, von Kraft, von Pulsieren.

Sie können Kapalabhati im Sitzen – auch im Auto –, im Stehen oder liegend im Bett üben. Es aktiviert Prana, die Lebensenergie, bringt neuen Sauerstoff ins Gehirn und lässt Sie innerlich erstrahlen, so dass Sie sich leicht fühlen. Üben Sie es besonders, um neue Kraft und Inspiration zu bekommen.

Gerade Kapha-Typen kommen damit schnell in die Gänge. Bei zu viel Vata sollten Sie nur wenig Kapalabhati üben, und ein Pitta-Mensch sollte gemäßigt üben. Sie können Kapalabhati auch steigern bis auf hundert oder sogar zweihundert Ausatmun-

gen. Beobachten Sie aber, ob es Ihnen guttut, sonst machen Sie es nicht.

Dreitägige Ama-Kur

Ama bezeichnet im Ayurveda giftige Stoffwechselprodukte, und es gibt sogenannte Ama-Kuren, also spezielle Programme zur Entgiftung und Entschlackung. In Ayurvedazentren wird dabei mit Spezialdiäten, mit Kräutern, speziellen Anwendungen und Massagen gearbeitet. Hier eine einfache und sehr wirkungsvolle Ama-Kur, die du selbst ausführen kannst: Iss an drei Tagen nur das, von dem du weißt, dass es wirklich gesund und leicht verdaulich für dich ist. Nimm nur zwei bis drei Mahlzeiten zu dir, iss nichts zwischen den Mahlzeiten, verzichte auf Fernsehen, E-Mails, Smartphone, Internet, geh in der Natur spazieren, verbringe Zeit allein mit dir – soweit praktikabel –, oder vermeide zumindest Auseinandersetzungen mit anderen. Triff vielleicht eine Vereinbarung, dass du und dein Partner in dieser Zeit versuchen wollt, liebevoll und freundlich miteinander umzugehen. Übe Meditation, Yoga, Entspannung oder was auch immer dir guttut. Lies ein schönes Buch, höre entspannende Musik oder musiziere selbst. Male oder schaue dir Kunst an. *Diese Mischung aus geistiger Ruhe und Anregung, kombiniert mit der anregenden Wirkung von der richtigen Ernährung und von*

Die drei Doshas im Ayurveda

> ### Depression und Burnout – kein Dosha ist davor gefeit
>
> Wichtig zu wissen: Nicht jede Erschöpfung oder Müdigkeit ist automatisch ein Übermaß an Kapha, und jede Dosha-Übersteuerung kann in die Depression oder in Burnout münden. Das Ergebnis ist das gleiche, aber die Ursachen sind unterschiedlich, entsprechend ist auch der Weg zurück in ein Leben im Gleichgewicht jeweils ein anderer. Sind Nervosität und Ängste die Ursache, hilft es, ein Vata-Übermaß zu verringern. Waren Ärger und Frust der Weg in die Depression, muss ein Pitta-Überschuss reduziert werden. Nur wenn es diese beiden Vorstufen nicht gab, sondern wenn es von leichter Trägheit auf direktem Weg zu ständiger Müdigkeit und Erschöpfung und dadurch zum Burnout ging, gilt es, zu viel Kapha zu vermindern.

Bewegung, hilft Ihnen, übermäßiges Kapha auf sanfte, aber konsequente Weise zu vermindern.

Testen Sie Ihr Temperament

Vermutlich haben Sie sich schon beim Lesen der drei Dosha-Beschreibungen gelegentlich wiedererkannt. Mit dem folgenden Test können Sie herausfinden, welche Doshas bei

Ihnen besonders ausgeprägt sind. Beantworten Sie alle Fragen ganz spontan, kreuzen Sie Ihre Antwort an, ohne lange zu überlegen. Wenn Sie sich nicht entscheiden können, dürfen Sie auch mehrere Kreuze machen.

Sie haben zwei, drei Freunde zu einem gemütlichen Abend eingeladen. Was bereiten Sie vor?
Ich koche ein leckeres Essen, dekoriere den Tisch liebevoll und sorge mit Kerzen für eine stimmungsvolle Atmosphäre. ♛
Ich bereite ein paar kleine Snacks vor und besorge Spiele für eine lustige Runde. ♛
Ich überlege, wie die anderen es gemacht haben – und mache es besser. ♛

Ihr Partner oder Ihre Freundin möchte mit Ihnen einen Wochenendtrip unternehmen. Wie reagieren Sie?
Ich bin begeistert, gehe sofort an den Computer und buche ein Hotel. ♛
Ich überlege erst eine Weile, ob das jetzt das Richtige für mich ist. ♛
Ich freue mich und male mir gleich verschiedene Möglichkeiten aus, was wir machen könnten, und mache fünf verschiedene Vorschläge. ♛

Die Urlaubsplanung steht an. Wofür können Sie sich begeistern?
Ich brauche Abwechslung und möchte gerne Natur und Kultur. ♛
Ich brauche die Herausforderung und will mich sportlich betätigen. ♛

Die drei Doshas im Ayurveda

Ich brauche Entspannung und möchte ein schönes
Hotel mit einem guten Wellnessbereich. ❦

Wie ist Ihr Verhältnis zum Hunger?
Ich esse zu festen Zeiten und liebe es, genussvoll zu
essen. Wenn es stressig wird, muss ich aber sofort etwas
zu mir nehmen. ❦
Ich brauche regelmäßig etwas zu essen und werde
unleidlich, wenn ich Hunger habe. ❦
Ich esse unregelmäßig, nur wenn ich Appetit habe –
und mein Appetit variiert stark. Ich wechsle auch öfter
meine Ernährungsphilosophie und Ernährungsweise. ❦

*Sie haben lange an einem Projekt gearbeitet, und jetzt wird es
komplett gestrichen. Wie reagieren Sie?*
Ich gehe vor Wut in die Luft wie eine Rakete. ❦
Ich kann die Gründe verstehen und bin mir sicher,
dass es schon irgendwie einen Sinn hat. ❦
Ich bin gar nicht so traurig, denn so kann ich mal
wieder etwas anderes machen. ❦

*Sie sind zum Vorsitzenden Ihres Vereins gewählt worden.
Was machen Sie als Erstes?*
Ich freue mich und gebe allen Vorstandsmitgliedern
ein Essen aus. ❦
Ich spreche mit den Mitgliedern, um herauszufinden,
was ich als Vorsitzender besser machen könnte. ❦
Ich mache eine To-do-Liste und verteile die
Aufgaben unter den Mitgliedern. ❦

Sie haben überraschend einen freien Abend. Wie verbringen Sie ihn?
Ich öffne eine gute Flasche Mangosaft und mach es mir bei einem schönen Film auf dem Sofa gemütlich. ♛
Ich rufe Freunde an und treffe mich kurzfristig mit ihnen. ♛
Ich gehe joggen oder ins Fitnessstudio. ♛

Welcher Aussage stimmen Sie am ehesten zu?
Was ich einmal angefangen habe, beende ich auch. ♛
Es gibt so viel Interessantes, davon möchte ich so viel wie möglich ausprobieren. ♛
Aktionismus ist mir zuwider, ich überlege erst, bevor ich etwas beginne. ♛

Eine Freundin bittet Sie um Hilfe bei der Wohnungsrenovierung. Wie reagieren Sie?
Ich komme, bringe Werkzeug mit und packe sofort mit an. ♛
Ich komme, bringe noch zwei Freunde zum Helfen mit, und dann überlegen wir gemeinsam, wie es am meisten Spaß macht. ♛
Ich komme, bringe etwas zu essen und zu trinken mit und sorge für regelmäßige Pausen. ♛

Ihr Zug hat Verspätung. Sie verpassen den Anschlusszug. Der nächste Zug kommt eine Stunde später. Wie reagieren Sie?
Ich schimpfe über die Deutsche Bundesbahn. ♛
Ich male mir aus, was alles schiefgehen kann und was ich verpassen werde, weil ich zu spät komme. ♛

Die drei Doshas im Ayurveda

Ich suche den Bahnhofskiosk, hole mir etwas zu
essen und trinken und setze mich erst mal hin. ❈

Auswertung Zählen Sie nun Ihre Kreuze jeweils hinter ❈,
❈ und ❈ zusammen. ❈ steht für das Dosha Pitta, ❈ für
Vata und ❈ für Kapha. Wo haben Sie die meisten Kreuze
gemacht? Das ist Ihr vorherrschendes Dosha. Oder sind Sie
ein Mischtyp? Wenn Sie Ihre Kreuze vor allem bei zwei
Doshas gemacht haben, bestimmen diese beiden Ihr Temperament. Oder gehören Sie zu den Tridosha-Typen, bei
denen die Doshas relativ gleichmäßig ausgeprägt sind? Im
Folgenden gebe ich Ihnen noch einige Tipps für Ihr Dosha
oder Ihre Doshas.

Tipps für Pitta-Menschen Wenn Sie ein Pitta-Typ sind,
überlegen Sie sich:

- ❈ Was will ich bewirken?
- ❈ Was kann ich bewirken?
- ❈ Wie kann ich meine Energie sinnvoll einsetzen?

Setzen Sie sich konkrete Ziele und überlegen Sie, wie diese
zu erreichen sind: ob zum Beispiel Zwischenziele sinnvoll
sind, welche Menschen dafür notwendig sind und wie Sie
sie überzeugen können. Zwischenziele sind auch wichtig,
damit Sie immer wieder Erfolgserlebnisse haben.
Versuchen Sie nicht, ein ständiges Gleichmaß an Gelassenheit zu erreichen, denn gelegentliche Ungeduld oder Ärger
gehören zu Ihrem Pitta-Temperament. Nehmen Sie diese
Unruhepole als Aktivierung Ihrer Energie an und sagen Sie

sich: »Ja, es ist gut, dass ich Pitta-Element habe. Damit kann ich einiges bewirken. Dazu gehört auch etwas Ungeduld, dazu gehört auch, dass ich mich zwischendurch ein bisschen ärgere. Das hilft mir, aktiv zu werden.«

Machen Sie sich bewusst, dass nicht alle Menschen so sind wie Sie. Erkennen Sie auch die anderen Temperamente an und nutzen Sie deren Talente, statt sie wegen ihrer scheinbaren Mängel zu verurteilen. Vor allem überfordern Sie andere nicht mit Ihren hohen Leistungsansprüchen. Lassen Sie aber auch selbst ab und zu los und geben Sie der Muße Raum.

Tipps für Vata-Menschen Als Vata-Mensch sollten Sie immer überlegen:

- Wie kann ich meine Stärken bei dieser Aufgabe einsetzen?
- Besteht die Gefahr, dass ich nicht genug Ausdauer für die Aufgabe habe?
- Wie kann ich gegensteuern?

Gerade bei größeren Aufgaben besteht die Gefahr, dass Ihnen zwischendurch ganz andere Ideen in den Kopf kommen. Bleiben Sie bei dem abgesprochenen Vorgehen, sonst verzetteln Sie sich und werden Ihr Ziel nie erreichen. Sind Pitta- und Kapha-Menschen beteiligt, ist es wichtig, dass diese nicht an Ihrer Zuverlässigkeit zweifeln. Außerdem sind sie genervt, wenn Sie ständig mit neuen Ideen ankommen. Achten Sie also auf Ihre Erdung.

Ist Ihre Idee tatsächlich grandios, seien Sie nicht enttäuscht, wenn die anderen es zunächst ablehnen, den ursprüngli-

Die drei Doshas im Ayurveda

chen Plan zu ändern. Fühlen Sie sich stattdessen in die anderen ein, etwa mit Hilfe einer inneren Mitarbeiterkonferenz, und überlegen Sie, wie Sie den anderen Ihre neue Idee durch geschickte Kommunikation schmackhaft machen können, vielleicht indem Sie dem Pitta-Menschen den Zeitgewinn und dem Kapha-Typen den Lustgewinn deutlich machen.

Tipps für Kapha-Menschen Gerade als Kapha-Typ sollten Sie sich bemühen, Ihre Stärken gut einzusetzen und Ihre Schwächen zu meiden. Suchen Sie sich eine Arbeit, bei der Sie langfristige Ziele verfolgen oder eine gemütliche Atmosphäre schaffen können. Vermeiden Sie dagegen:

- geistige Starrheit
- Aussitzen von Problemen
- Überhandnehmen von Faulheit

Achten Sie beim Genuss auf gesunde Ernährung und bei der Gemütlichkeit darauf, sich trotzdem körperlich zu bewegen. Denn gerade Kapha-Menschen leben oft übermäßig bequem und haben dann mit den gesundheitlichen Folgen von Fettleibigkeit zu kämpfen.

Im Umgang mit anderen ist Umsicht gefordert, damit Sie Pitta- oder Vata-Menschen nicht ständig Steine in den Weg legen und sie mit Ihren Bedenken lähmen.

Praktische Methoden und Techniken für mehr Gelassenheit

Wenn Sie das Buch bis hierher gelesen haben, kennen Sie bereits einige Wege, Gedankengänge und Werkzeuge, die Yoga uns für ein gelasseneres Leben zur Verfügung stellt, und haben eventuell schon das eine oder andere mit Erfolg ausprobiert. Vielleicht aber nehmen Sie dieses Buch jetzt zum ersten Mal in die Hand, weil Sie sich sehr unruhig fühlen – sei es, dass Sie Angst vor einer bevorstehenden Situation haben oder immer noch den Ärger von gestern in sich spüren. Dann suchen Sie sich am besten aus den SOS-Tools etwas Passendes heraus und wenden Sie es gleich an.

Um in Zukunft für unterschiedliche Gelassenheitsprobleme gewappnet zu sein, ist es gut, jede Technik ein paarmal aus-

PRAKTISCHE METHODEN UND TECHNIKEN

zuprobieren. So merken Sie, welche für Sie am effektivsten ist. Wer allerdings mit schöner Regelmäßigkeit seine innere Ruhe verliert und das gerne mittelfristig ändern möchte, sollte täglich zwanzig Minuten in ein Übungsprogramm investieren. Damit können Sie Ihr Ziel Gelassenheit erreichen – regelmäßiges Üben vorausgesetzt.

Ab Seite 205 stelle ich Ihnen noch meine Minimax-Tipps für mehr Gelassenheit vor. Mit ihnen können Sie in nervigen Alltagssituationen durch minimale Veränderungen maximale Wirkung erzielen.

Welche Technik für welches Temperament?

Je nach Temperament mögen wir unterschiedliche Techniken. Für Kapha-Temperamente empfehle ich, ein paar Techniken zu testen und bei der zu bleiben, die am bequemsten und angenehmsten ist. Ein Vata-Mensch probiert am besten immer wieder neue Techniken. Sind Sie ein Pitta-Typ, wollen Sie sicher die allerbeste Technik, die Sie mit dem wenigsten Aufwand am tiefsten und schnellsten entspannt. Lächeln Sie ein wenig über Ihren Leistungswillen – selbst bei der Entspannung. Sind Sie mal himmelhoch jauchzend, mal zu Tode betrübt, dann sollten Sie entspannende Techniken für die Hochphasen und aufbauende sowie energetisierende Techniken für die Phasen mit wenig Energie parat haben.

SOS-Tools für die schnelle Rückkehr zur Gelassenheit

Sie haben schon bei den sechs Wegen des Yoga einige Übungen kennengelernt, die sehr schnell und effektiv wirken:

- bei Ärger die Ärger-Transformationsatmung Murccha (Seite 105)
- bei Lampenfieber die Lampenfieber-Transformationsatmung (Seite 101)
- bei schnellem Bedarf nach neuer Energie, aber auch bei großem Ärger oder Lampenfieber die Feueratmung Kapalabhati (Seite 148)

Ich werde Ihnen in diesem Kapitel noch weitere Blitzentspannungstechniken vorstellen, die kurzfristig wirken und keiner besonderen Vorkenntnisse bedürfen. Sie werden sicher das Passende für Ihre aktuelle Situation finden.

Gehen, Laufen, Hüpfen für Gelassenheit

Bei innerer Unruhe und Anspannung
Wie ich bereits auf Seite 129 erläuterte, ist Stressenergie ursprünglich dafür vorgesehen, als körperliche Energie zu wirken, die uns Menschen befähigt zu fliehen oder zu kämpfen, und so lebensbedrohliche Situationen zu meistern. Deswegen ist es auch am effektivsten, Stressenergie

körperlich abzubauen – selbst wenn sie heute durch vergleichsweise »läppische« Reaktionen hervorgebracht wird. Falls Sie die Stressenergie nicht umwandeln, kann sie sich in Form von körperlichen Verspannungen, Reizbarkeit, ungerichteter Angst, Müdigkeit oder Schmerzen ansammeln.

Körperliche Aktivität wie Hatha Yoga, Walken, Wandern, Joggen, Fahrradfahren oder Treppensteigen löst die Anspannung wieder. Regelmäßig mehrmals in der Woche wäre optimal.

Aber Sie können auch zwischendurch zu Hause oder im Büro kleine Bewegungseinheiten einschieben, einfach so oder bei akuter Unruhe: Gehen, laufen oder hüpfen Sie auf der Stelle. Dabei die Beine möglichst hoch heben und mit den Armen schlenkern. Zusätzlich können Sie innerlich wiederholen: »Ich bin voller Kraft und Energie. Ich bin voller Kraft und Energie ...« Probieren Sie, ob sich diese Bewegung in Ihren Alltag sinnvoll integrieren lässt. Vielleicht wird es genau das sein, was Ihnen hilft, gelassener leben zu können, weil Sie Ihre körperliche Energie nutzen.

Aufladeübung für Gelassenheit
Zum Aufladen mit Energie, zum Dehnen
und Entspannen

Stelle dich hin, die Füße parallel etwa hüftbreit auseinander. Gehe leicht in die Knie, lass die Arme locker hängen, schließe einen Moment lang die Augen und atme ein paar-

SOS-Tools für die schnelle Rückkehr zur Gelassenheit

mal tief ein und aus. Fühle dich verbunden mit der Kraft von Mutter Erde. Fühle dich gestützt und geschützt von hinten. Fühle dich inspiriert von der Himmelskraft.

Lege die Hände unter dem Nabel wie zu einer Schale aufeinander, dann führe die Arme beim Einatmen in weitem Bogen zur Seite nach oben und stelle dir vor, du atmest Energie ein. Verschränke die Hände über dem Kopf, halte den Atem an, und beuge dich nach rechts, nach links und gehe zurück zur Mitte. Drehe die Handflächen nach außen, senke die Arme, atme dabei aus und spüre die Energie weit werden. Bilde mit den Händen unter dem Nabel wieder eine Schale und wiederhole das Ganze.

Danach atme wieder ein – neue Kraft, Licht, Positivität – und hebe dabei wieder die Arme seitlich bis über den Kopf. Jetzt verhake die Finger, halte den Atem an, und drehe dich nach rechts hinten, führe dabei den rechten Ellbogen nach unten, drehe dich nach links hinten und führe dabei den linken Ellbogen nach unten, gehe zurück zur Mitte, die Arme ausgestreckt. Atme aus und senke dabei die Arme. Wiederhole das Ganze.

Dann atme ein paarmal tief ein und aus, drehe dich ein paarmal nach rechts und nach links und lasse dabei die Arme locker schlenkern.

Zum Schluss bleibe einen Moment lang ruhig stehen, schließe die Augen, und atme in den Bauch ein und wieder aus. Fühle dich gut verwurzelt, gestützt und genährt von der Erde, alle guten Kräfte von hinten schützen dich, stützen dich, von oben strömt Inspiration in dich hinein. Vertiefe wieder den Atem, öffne die Augen, spüre, wie du neue Kraft für den Tag hast.

Die Aufladeübung im Stehen können Sie am Morgen vor dem Frühstück machen oder auch abends oder tagsüber, um neue Kraft zu bekommen. Sie ist besonders zwischendurch gut, wenn Sie wenig Bewegung gehabt oder wenn Sie sich aufgeregt haben. Sie beugt körperlichen Verspannungen, Rücken- und Nackenschmerzen vor und eignet sich auch gut für Pausen bei langen Fahrten im Auto oder Zug.

Kavacham

Kavacham für ein harmonisches, schützendes Energiefeld

Sitze oder stehe gerade, mit den Fußsohlen fest auf dem Boden. Atme ein paarmal tief in den Bauch ein und wieder aus. Dadurch verankerst du dich in deiner Mitte und bekommst Zugang zur Sonnenenergie im Solarplexus.
Jetzt spüre nach unten zur Erde. Du kannst dir Wurzeln vorstellen, die von der Erde über die Füße in dich hineingehen. Über diese Wurzeln nimmst du aus der Erde Energie, Stärke, Festigkeit auf. Spüre dich von hinten geschützt und stark. Wenn du eine Beziehung zu einem Meister, einem Engel, Gott oder einem Aspekt Gottes hast, stelle dir vor, er schützt dich von hinten.
Öffne dich innerlich nach oben. Du kannst dir vorstellen, dass von oben Licht und Segen in dich hineinströmen.

Wenn du magst, wiederhole ein Mantra, ein Gebet oder eine Affirmation: »Ich öffne mich für alles Positive.« Jetzt fühlst du dich verwurzelt mit der Erde, gestärkt von hinten, aufgeladen mit Positivem von oben.

Nun schicke beim Ausatmen Energie nach vorne. Dehne mit jedem Ausatmen dein Lichtfeld nach vorne aus: vom Bauch, vom Herzen, vom Brustraum, von der Kehle und vom Gesicht aus. Lächle nach vorne. So hast du die Stärke, die du brauchst, für alles, was auf dich wartet.

»Kavacham« heißt »Schutzfeld, Energiefeld«. Wenn wir uns stark fühlen, haben wir ein gutes, machtvolles Energiefeld. Die Ereignisse des Alltags können uns aber aus unserer Mitte bringen. Dann können Sie mit dieser Übung aus dem Kundalini Yoga das Energiefeld wieder neu aufbauen und stabilisieren. Daher gehört Kavacham zur täglichen Morgenpraxis, als gute Grundlage für Gelassenheit. Kavacham hilft Ihnen aber auch zwischendurch bei einem Gefühl der Hilflosigkeit, der Überforderung, dem Gefühl, fremder Energie ausgeliefert zu sein – letztlich immer, wenn Sie Ihre innere Ruhe verloren haben. Im Alltag kann man die Übung durchaus machen, während man mit offenen Augen scheinbar zuhört.

Die Y-Stellung kombiniert mit Kavacham

Beginne mit Kavacham, wie gerade beschrieben. Hebe dann die Arme leicht schräg nach oben, so dass dein Oberkörper und die Arme ein Y bilden. Die Handflächen zeigen

Richtung Himmel. Wölbe dabei den Brustkorb nach vorne und nimm den Kopf leicht nach hinten. Spüre, wie dein Herz weit wird und du dich für die Lichtenergie öffnest. Halte das ein paar Atemzüge lang.

Kavacham kann sinnvoll ergänzt werden durch Gesten, denn gerade in Stresssituationen kann es hilfreich sein, den Körper mit einzubeziehen. Diese Y-Geste ist etwas Einfaches und doch sehr Machtvolles, um das Energiefeld zu stärken und sich mit der Himmelsenergie zu verbinden, so dass Sie anschließend Freude und Liebe spüren können.

☙ ☙ ☙

Gesten zur Herzfeld-Ausdehnung

Wenn Sie das Gefühl haben, dass Ihr Herz verschlossen oder eng ist oder dass Sie unter dem Druck der Anforderungen kollabieren, helfen die Herzfeld-Ausdehnungsgesten ebenso wie beim Gefühl einer unbestimmten Bedrohung.

Anmerkung: Enge im Brustkorb kann auch ein Indiz für eine Herzerkrankung sein. Wenn Sie das Gefühl nicht innerhalb von kurzer Zeit mit diesen Handgesten auflösen können, sollten Sie es medizinisch abklären lassen.

SOS-Tools für die schnelle Rückkehr zur Gelassenheit

Wegschieben zur Herzfeld-Ausdehnung

Stehe oder sitze gut und gerade. Nimm beide Hände vor deinen Brustkorb, Handrücken zur Brust, Handflächen zeigen nach vorne. Jetzt schiebe die rechte Hand nach vorne. Während du den rechten Handrücken wieder zurück zum Brustkorb führst, schiebe die linke Handfläche nach vorne. Dann nimm den linken Handrücken wieder zurück zum Brustkorb und schiebe gleichzeitig die rechte Handfläche nach oben rechts. Dann die linke Hand nach oben links, danach die rechte Hand nach vorne rechts, die linke nach vorne links, die rechte nach unten rechts, die linke nach unten links.

Mach das wieder und wieder. Schiebe dabei alles, was irgendwo auf deiner Aura hängt, nach vorne. Stell dir vor, du schiebst alles Unangenehme weg. Mach das so lange, bis du das Gefühl hast, im Brustkorb weit zu sein, frei zu sein.

Brustschwimmen zur Herzfeld-Ausdehnung

Lege die Handflächen zusammen und hebe sie vor die Brust. Dann führe beide Hände nach vorne. Öffne die Handflächen nach außen und drück die Arme nach außen, als wolltest du das, was vor dir ist, zur Seite schieben. Mach das so lange, bis dein Brustkorb sich weit anfühlt.

Verbindungsgeste zur Herzfeld-Ausdehnung

Lege deine Handflächen auf den Brustkorb. Atme tief ein und öffne deine Arme nach vorne und außen, beuge dich dabei leicht nach hinten, dehne den Brustkorb aus und hebe den Kopf ein wenig. Beim Ausatmen nimm die Handflächen wieder auf den Brustkorb und senke den Kopf.
Übe das noch etwa sechsmal und spüre, wie dein Herzfeld weit wird, spüre Freude und Liebe, lächle. Dann senke die Arme, bleibe einen Moment lang ruhig sitzen oder stehen, spüre dein Herz, spüre tief im Herzen Freude und Liebe, spüre dein Herz weit und ausgedehnt.
Diese Übung ist sehr empfehlenswert, machen Sie sie im Alltag ruhig immer wieder.

SOS-Tools für die schnelle Rückkehr zur Gelassenheit

Verbindung herstellen mit Mudras

Mudra für positive Stimmung

Um dich positiv zu stimmen, ist es hilfreich, dich mit etwas Positivem zu verbinden. Schaue zu etwas hin, womit du dich gerne verbinden würdest, zum Beispiel zu einem Baum. Strecke einen oder beide Arme zu dem Baum hin aus. Die Finger zeigen zum Baum, die Handfläche ist leicht dorthin geöffnet. Dann spüre, wie du vom Herzen her damit verbunden bist. So öffnet sich dein Herzfeld, so spürst du Freude, so spürst du Liebe.
Freude und Liebe sind eine gute Grundlage für Gelassenheit.

Dynamische Mudras Je nach Typ mögen Sie vielleicht lieber etwas dynamischere Gesten, bei denen die Bewegung hilft, eine Verbesserung des eigenen Empfindens zu erreichen.

Verbindungsmudra

Sitze oder stehe gerade, und sei dir bewusst, womit du Verbindung aufnehmen willst, mit einem Baum, mit der Erde, mit einer Blume, einer Wolke, der Sonne. Dann atme aus und führe die Hände zum Herzen. Atme ein und strecke die Arme aus zu dem Baum hin oder womit auch immer du dich verbinden willst. Du kannst das noch ein paarmal machen, vielleicht wieder zum Baum oder auch zum Himmel, zur Sonne ... (Du kannst dich in einer Übung mit mehreren Dingen verbinden.)

Spüre, wie dein Energiefeld weit und stark wird, dein Herz sich öffnet, du voller Freude bist. Dann bleibe ein paar Momente lang ruhig sitzen oder stehen und fühle die Verbundenheit, fühle die Freude und Liebe. Spüre die Herzenskraft und die Ausdehnung.

Mudra zur Öffnung nach oben für bessere Stimmung

Lege zunächst die Handflächen vor dem Brustkorb zusammen. Atme ein, hebe die Arme hoch und nimm sie leicht nach hinten, wölbe dabei den Brustkorb. Spüre, wie sich dein Herz öffnet. Atme aus und führe die Hände wieder vor dem Brustkorb zusammen, fühle dich zentriert. Mach das etwa sechs- bis achtmal.

Dann senke die Arme und genieße ein paar Momente lang das Gefühl dieser Herzensöffnung, dieser Verbundenheit, der Freude im Herzen und auch der Verbundenheit mit dem Himmel.

SOS-Tools für die schnelle Rückkehr zur Gelassenheit

Diese Übung ist praktisch die Übung zwei und drei des Sonnengrußes mehrmals hintereinander. Zum Lernen ist es am einfachsten, die Übung im Stehen zu praktizieren, aber sie funktioniert auch im Sitzen und Gehen. Sie dehnt das Herzfeld und verbindet mit der Himmelsenergie. Sie wirkt gegen Niedergedrücktheit, hebt die Stimmung und befreit von Ängstlichkeit oder Frust.

Diese Übung löst auf körperlicher Ebene Verspannungen in der Schultergegend, im oberen Rücken, im Nacken und wirkt auch sehr gut gegen Rundrücken.

Yoga-Augenübungen

Ein großer Teil des Gehirns ist mit der Verarbeitung von Sehreizen beschäftigt. Deswegen können wir durch Yoga-Augenübungen eine starke Wirkung auf das Gehirn ausüben. Regelmäßig praktiziert kräftigen sie außerdem die Sehmuskeln und erhalten das Sehvermögen länger. Heutzutage schauen viele Menschen sehr lange auf den Bildschirm. Die Folge sind oft Augenverspannungen, die wiederum Ermüdung, Kopfschmerzen, geistige Anspannung und Reizbarkeit nach sich ziehen können. Mit Yoga-Augenübungen können Sie dem entgegenwirken, denn sie entspannen die Augen, und daraus resultieren innere Ruhe und Kraft.

Darüber hinaus, und das ist für unser Thema »Gelassenheit« besonders interessant, können Sie mit Augenübungen Ihren Gemütszustand direkt beeinflussen. Das sind die sehr einfachen Übungen auf einen Blick:

Für gesunde Augen und Ruhe des Geistes

Bei gedrückter Stimmung schaue nach oben. Und während du so leicht nach oben schaust und ruhig atmest, kannst du spüren, wie deine Gemütsverfassung leichter wird, wie du mehr Energie bekommst, wie du von Inspiration durchdrungen wirst.

Bei zu viel Euphorie, Abgehobenheit oder einer Vata-Störung schaue nach unten, das erdet dich.

Bei Nervosität musst du ausprobieren: Sie kann durch Hinunterschauen beruhigt werden, manchmal aber auch durchs Nach-oben-Schauen, weil du dich dann mit Inspiration verbindest.

Bei innerer Unruhe schaue abwechselnd nach links und nach rechts, das gleicht die Hemisphären des Gehirns aus.

Zur Stärkung der Intuition bzw. der Mondenergie, Ida, schaue nach rechts. Wenn du nach rechts schaust, öffnet sich typischerweise auch das linke Nasenloch (Seite 127).

Zur Aktivierung des rationalen Denkvermögens, des Durchsetzungsvermögens, der Sonnenenergie schaue nach links. Dabei öffnet sich das rechte Nasenloch (Seite 127).

Für Entspannung, Ruhe, bessere Intuition, Herzensverbindung und um einen Menschen besser zu erspüren, nutze den weichen Blick. Dazu schaue quasi durch den Menschen hindurch – aber möglichst nicht von vorne, das könnte seltsam wirken.

SOS-Tools für die schnelle Rückkehr zur Gelassenheit

> **Wissenschaftlich anerkannt**
> Die EMDR-Methode (Eye Movement Desensitization and Reprocessing, Augenbewegungs-Desensibilisierung und Wiederaufarbeitung) wird zur Überwindung der Emotionalität des posttraumatischen Belastungssyndroms eingesetzt. Dabei lernt man mittels Augenbewegungen nach links und nach rechts, die Emotionalität bei Flashbacks von traumatischen Erfahrungen zu reduzieren.

Palmieren zur Entspannung

Reibe die Hände aneinander, bis sie warm werden, und lege die Handflächen über die Augenhöhlen. Spüre, wie die Wärme, die Energie der Handflächen, das Prana, in die Augen hineinströmt. Senke die Hände und wiederhole die Übung, wenn du magst.
Sie können dabei die Augen geschlossen oder offen halten.

Liegende Acht – Unendlichkeitszeichen zur Beruhigung des Geistes

Schließe die Augen und atme einige Male tief ein und aus. Dann schaue mit offenen Augen erst nach oben, dann langsam nach rechts oben, nach rechts, rechts unten, unten, Mitte und dann wieder nach oben, nun nach oben links, links, unten links, unten, Mitte, oben und dann wieder von vorne nach rechts oben … Mach die Bewegung nach Möglichkeit einige Male sehr langsam. Dann schließe die Augen und entspanne sie.

Die Übung stärkt die Sehmuskeln, harmonisiert die beiden Gehirnhälften und beruhigt zu starke Emotionalität. Sie können Sie jederzeit zwischendurch machen.

Tratak-Visualisierung für Positivität und innere Ruhe

Sitze oder stehe entspannt bei geradem Rücken. Stelle eine Kerze etwa zwei bis fünf Meter weit weg, die Flamme soll sich ein wenig unter deiner Augenhöhe befinden. Dann schließe die Augen und sammle dich. Öffne die Augen und schaue in die Flamme der Kerze, beständig und entspannt, ohne zu zwinkern. Wenn die Augen anfangen zu tränen, umso besser. Das reinigt die Augen, aktivert die Tränenproduktion und wirkt trockenen Augen entgegen. Wenn es unangenehm wird, zwinkere ein paarmal und schaue dann weiter.

Jetzt schließe die Augen und werde dir bewusst, was du bei geschlossenen, entspannten Augen im Stirnbereich wahrnehmen kannst. Vielleicht siehst du dort ein Nachbild der Flamme oder auch verschiedene Farben und Formen, vielleicht spürst du ein sanftes Pulsieren im Stirnbereich. Halte die Augen geschlossen, solange dein Geist entspannt und konzentriert bleibt.

Beginnt dein Geist, neue Gedanken zu produzieren, öffne die Augen und übe das Ganze noch zweimal: also schauen, solange es noch angenehm ist, Augen schließen, Nachbild oder Pulsieren wahrnehmen.

Dann schließe die Augen und versuche, die Kerze vor deinem geistigen Auge zu sehen. Wenn es dir schwerfällt, öffne die Augen ganz kurz, schaue noch mal in die Kerze, schließe die Augen wieder und schaue dir die Kerze innerlich an. Jetzt öffne nochmals die Augen, schaue nochmals entspannt auf die Kerze und spüre sie auch mit deinem Herzen. Nun schließe die Augen, erzeuge wieder das Bild dieser Kerze und spüre dabei vom Herzen her Ruhe, Frieden und Freude. Genieße diesen Zustand einige Atemzüge lang.

Dann vertiefe deinen Atem, bleibe noch einen Moment lang ruhig sitzen und sage innerlich: »Ich bin voller Kraft und Energie. Mir geht es gut. Ich freue mich auf den weiteren Tag.«

»Tratak« heißt »anschauen, betrachten« und ist das bewusste Anschauen von etwas, das den Geist erhebt. Dadurch füllen Sie Ihren Geist mit Positivität und Ruhe. Sie können Tratak auch mit einer Zimmerpflanze, einer Blume, einem Bild oder sogar mit einem Fleck an der Wand üben. Das geht überall, ob zwischendurch am Bahnsteig, im Büro oder an der Bushaltestelle.

Besonders machtvoll ist jedoch Tratak mit einer Kerze, denn neben Licht und Positivität erweckt sie auch die Intuition, das dritte

Auge. Sie hilft, vieles besser zu erfassen, intuitiv bessere Entscheidungen zu fällen und mit anderen Menschen besser auszukommen. Tratak entwickelt auch das Visualisierungsvermögen. Sie lernen, entspannende Geistesinhalte zu erzeugen, wie Kerze, Blume, Baum. So können Sie jederzeit stressige Gedanken durch angenehme Bilder ersetzen. Sie können Tratak als tägliche Meditation üben oder zur Einleitung Ihrer Meditation.

Tratak zwischendurch
Übrigens ist es grundsätzlich gut, öfters mal am Tag aus dem Fenster zu schauen. Aber ein kurzes Tratak geht auch, indem du den Blick in die Weite richtest, auf die Bäume, auf den Himmel, und vom Herzen her spürst. Dann schließe einen Moment die Augen. Auch das gibt dir neue Gelassenheit und Ruhe.

Blitzentspannung für Gelassenheit

Blitzentspannungsübungen sind hochwirksame Entspannungstechniken, um zur Ruhe zu kommen. Besonders wenn sich viele kleine Stressmomente und Aufreger im Laufe des Tages ansammeln, können Blitzentspannungstechniken sehr hilfreich sein. Optimal wäre es, zwischen zwei Tätigkeiten immer einen Moment zu entspannen, oder alle ein bis zwei

SOS-Tools für die schnelle Rückkehr zur Gelassenheit

Stunden, wenn eine Tätigkeit länger dauert. Dann haben Sie eine gute Basis für Gelassenheit und relative Stressfreiheit.

Anspannen und Loslassen – PMR-Blitzentspannung

Egal ob du stehst, sitzt oder liegst: Spanne die Waden an, die Wadenmuskeln, halte die Spannung fünf Sekunden lang, dann lass locker. Spanne die Oberschenkel an, halte fünf Sekunden, lass locker. Spanne die Bauchmuskeln an, halte, lass locker. Spanne das Gesäß an, halte, lass locker. Ziehe die Schulterblätter nach hinten zusammen, halte, lass locker. Strecke die Arme aus, spanne die Armmuskeln an, mache Fäuste, halte, lass locker. Ziehe die Schultern zu den Ohren, halte, lass locker. Drücke die Zunge gegen das Gaumendach, halte die Zunge angespannt, lass locker.

Dann bleibe ein paar Sekunden lang ruhig und spüre, wie dein ganzer Körper entspannt ist, wohlig warm, wie du auch geistig ruhig bist, wie dein Atem sanft fließt. Du bist gelassen, voller Kraft und Energie, bereit für alles Weitere, was der Tag so bringen mag.

Ein physiologisches Entspannungsgesetz besagt: Ein Muskel, der mindestens fünf Sekunden lang angespannt wurde, kann anschließend gut entspannen. Das ist das Prinzip einer Tiefenentspannung, die der Arzt Edmund Jacobson aus dem Yoga entwickelt hat: die PMR, progressive Muskelrelaxation, die fortschreitende Muskelentspannung. Das können Sie auch als Blitzentspannung probieren, im Sitzen, Stehen oder Liegen. Es geht sogar beim Warten an

PRAKTISCHE METHODEN UND TECHNIKEN

der Ampel, in einer Warteschlange und während der PC hoch- oder runterfährt.

AT-Blitzentspannung

Sitze ganz entspannt, vielleicht angelehnt, und lege die Handrücken auf die Oberschenkel, Handflächen nach oben. Jetzt spüre die Schwere des rechten Arms auf dem Bein. Sage ein paarmal: »Der rechte Arm wird ganz schwer. Der rechte Arm wird ganz schwer.« Dann spüre die Schwere des linken Arms auf dem Oberschenkel und wiederhole ein paarmal: »Der linke Arm wird ganz schwer.« Nun stelle dir vor, Sonnenstrahlen wärmen die rechte Handfläche, und wiederhole ein paarmal: »Die rechte Hand wird ganz warm.« Stelle dir dann vor, Sonnenstrahlen wärmen die linke Handfläche, und sage ein paarmal: »Die linke Hand wird ganz warm. Die linke Hand wird ganz warm. Die linke Hand wird ganz warm.« Dann: »Beide Hände ganz warm. Beide Hände ganz warm, ich ganz entspannt. Hände warm, ich ganz entspannt.« Bleibe ein paar Atemzüge lang ruhig sitzen und genieße die Ruhe. Wenn du bereit bist, öffne die Augen und freu dich auf all das, was auf dich noch wartet.
Das sind einige Elemente aus dem Autogenen Training (AT) zur Blitzentspannung. Es hat sich ebenfalls aus dem Yoga entwickelt.

SOS-Tools für die schnelle Rückkehr zur Gelassenheit

Body-Scan-Blitzentspannung

Sitze, liege oder stehe ruhig und entspannt. Spüre deine Füße. Dann gehe mit deinem Bewusstsein ruhig durch deinen Körper und spüre in jedes Körperteil: in deine Waden, die Knie, die Oberschenkel. Spüre dein Gesäß, den unteren Rücken, mittleren Rücken, oberen Rücken, deinen Unterbauch, den ganzen Bauch, die Brust. Spüre die Hände, Handgelenke, Unterarme, Ellbogen, Oberarme, Schultern. Spüre Nacken, Kehle, Kiefergelenke. Spüre Mund, Nase, Wangen, Augen, Stirn. Spüre die Ohren, Schläfen, den Hinterkopf, den Scheitel. Spüre deinen ganzen Körper. Spüre die Entspannung, die dich ganz durchströmt. Genieße diesen Zustand ein paar Atemzüge lang. Vertiefe wieder deinen Atem und freue dich über die neue Kraft und Energie für alles, was auf dich warten wird.

Wenn Sie mit Ihrem Bewusstsein durch den Körper gehen, fließt eine Welle von Entspannung hindurch. Das funktioniert noch besser, wenn Sie es gewohnt sind, Tiefenentspannung zu üben. Übrigens: Auch der Body-Scan, der im MBSR (Mindfulness-Based Stress Reduction, achtsamkeitsbasierte Stressreduktion) so wichtig ist, also im Achtsamkeitstraining, hat sich aus dem Yoga entwickelt.

Farb-Blitzentspannung

Schließe die Augen. Werde dir bewusst, was du bei geschlossenen Augen siehst. Dann stelle dir vor, dass deine Augenlider wie eine Leinwand sind, auf der du diese Bilder siehst. Überlege dir, welche dunkle Farbe dir besonders gut gefällt. Stelle dir vor, diese schöne dunkle Farbe fließt von oben nach unten über die Leinwand und überdeckt alle Bilder. Du genießt diese schöne Farbe und damit letztlich den Zustand der Bildlosigkeit.

Alternativ kannst du dir auch vorstellen, dass du mit einem großen Pinsel alle Bilder auf der Leinwand mit dieser dunklen Farbe übermalst.

Jetzt, wo dein Geist so ruhig ist, stelle dir vor, wie du die nächsten ein bis zwei Stunden voller Kraft und Energie bist. Stelle dir vor, wie du deine Aufgaben voller Elan und Enthusiasmus erledigst.

Wenn Sie Ihre inneren geistigen Bilder beruhigen, dann beruhigt sich auch Ihre Stimmung, denn Worte, Bilder, Emotionen hängen miteinander zusammen. Sie können die Übung im Sitzen oder im Stehen machen. Wenn Sie möchten, können Sie auch eine hellere Farbe wählen. Wichtig ist, dass die Bilder darunter verschwinden.

SOS-Tools für die schnelle Rückkehr zur Gelassenheit

Blitzentspannung am Fantasieort

Sitze oder liege ruhig und entspannt. Schließe deine Augen. Überlege, welcher Ort für dich besonders entspannend ist. Vielleicht ein Platz im Wald, auf einem Berg, am Meer, vielleicht eine Kirche oder ein Yoga-Ashram. Es kann ein Ort sein, den du kennst, es kann auch ein Fantasieort sein.
Stelle dir vor, du befindest dich an diesem Ort. Male dir Einzelheiten aus: wie der Himmel aussieht, der Boden, die Umgebung. Male dir aus, wie es riecht, sich anhört und anfühlt. Nimm so die entspannende Wirkung und Kraft dieses Ortes ganz auf.
Du weißt, du musst langsam wieder zurückkehren, aber du hast die Kraft dieses Ortes aufgenommen: Du bist nun voller Entspannung und Elan, bereit für alles, was der heutige Tag noch für dich bereithält.
Diese Übung funktioniert am besten im Sitzen oder Liegen. Sie können sich auch verschiedene Orte vorstellen: vielleicht einen Ort, der Sie entspannt, einen anderen, der Sie mit Energie füllt, wieder einen, der Sie mit der vergebenden Kraft der Liebe auflädt, und einen, an dem Sie die kämpferische Kraft bekommen für die gute Sache, für die Sie sich einsetzen wollen.

PRAKTISCHE METHODEN UND TECHNIKEN

Kurze Achtsamkeitsmeditationen

Wer einen tiefen Bezug zur Meditation (Seite 198) hat, kann auch Kurzformen der Meditation üben, um zwischendurch zur Ruhe zu kommen und sich aufzuladen. Mit Meditation können Sie sich zentrieren und wieder zur Mitte und damit zur Gelassenheit finden. Meditation öffnet Sie aber auch, verbindet Sie mit der Umgebung, mit Ihren Mitgeschöpfen und mit der Schöpfung als Ganzes.

Die Ausdehnungsübung auf Seite 54 können Sie als zweiminütige Kurzmeditation durchführen. Wenn Sie gläubig sind oder einen Bezug haben zu Gott, zur göttlichen Mutter, zu einer höheren Wirklichkeit, können Sie auch zwischendurch ein Gebet sprechen und sich mit einer höheren Wirklichkeit verbinden und darüber mehr Gelassenheit erreichen.

Zwei Minuten im Hier und Jetzt

Schaue mit offenen Augen und werde dir bewusst: Was siehst du? Sieh es bewusst. Was hörst du? Höre es bewusst. Was riechst du? Rieche es bewusst. Was spürst du? Spüre es bewusst. Vertiefe deinen Atem. Ein paar Momente sei dir ganz bewusst, was genau jetzt wahrnehmbar ist. Du bist jetzt entspannt, aufgeladen, bereit für alles Weitere, was der Tag dir so gibt.

Diese Achtsamkeitsmeditation mit offenen Augen können Sie im Sitzen, Stehen, Gehen und auch beim Auto- oder Fahrradfahren

SOS-Tools für die schnelle Rückkehr zur Gelassenheit

üben. *Das Hineingehen in die Gegenwart und das bewusste Wahrnehmen der Gegenwart wird Sie sehr entspannen.*

Zwei Minuten Atemmeditation

Sitze, stehe oder liege und schließe deine Augen. Werde dir deines Atems bewusst und beobachte ihn, ohne ihn zu beeinflussen. Der Atem wird zwar schon allein dadurch anders, dass du ihn beobachtest, aber ändere ihn darüber hinaus nicht aktiv. Spüre die Bewegung des Bauches, die Veränderung des Gefühls in der Brust, den Temperaturunterschied in den Nasenlöchern beim Ein- und Ausatmen. Vertiefe nach zwei Minuten wieder deinen Atem und sage dir: »Ich bin voller Kraft und Energie. Mir geht es gut. Ich freue mich auf den weiteren Tag.«

Sie können sich bei Ihrer Atembeobachtung auf einen Bereich fokussieren und dabei Unterschiedliches erreichen:

- Beobachten Sie den Atem besonders im Bauch, wenn Sie sich zentrieren und Selbstbewusstsein finden sowie Zugang zur Sonnenenergie bekommen wollen.
- Achten Sie stärker auf den Atem in der Brust, wenn Sie Zugang zu Freude und Liebe finden wollen.
- Konzentrieren Sie sich auf den Temperaturunterschied in den Nasenlöchern, wenn Sie Ihre Intuition stärken wollen.

PRAKTISCHE METHODEN UND TECHNIKEN

Für manche Menschen ist die Beobachtung des Atems die wirkungsvollste Weise, um immer wieder zur Ruhe und ins Gleichgewicht zu kommen, denn der Atem ist auch ein schönes Symbol: einatmen, ausatmen, nehmen und geben, Aktivität, Passivität, Tag und Nacht. Wenn es Ihnen gelingt, das Ein- und Ausatmen so zu beobachten, kann es Ihnen auch gelingen, die Höhen und Tiefen des Lebens anzunehmen. Es kann Ihnen gelingen, Lob und Tadel anzunehmen, Hitze und Kälte, Sonne und Regen, Erfolg und Misserfolg. Leben ist Rhythmus. Wenn Sie diesen Rhythmus so akzeptieren, kommen Sie zu einem tiefen Gefühl von Gelassenheit.

Zwei Minuten für Gedanken und Emotionen bei kreisenden Gedanken

Werde dir bewusst, welche Gedanken kommen und gehen. Stelle dir vor, deine Ohren sind wie die Lautsprecher eines Radios, und höre die Worte, die du innerlich formulierst. Höre ihnen leicht amüsiert zu.
Wenn du die Übung mit geschlossenen Augen machst, dann stelle dir vor, deine Augenlider sind wie die Leinwand eines Kinos. Beobachte die Bildgedanken, die ablaufen. Beobachte leicht amüsiert, was da vor deinem geistigen Auge so abläuft. Werde dir bewusst, wo die Emotionen und Gefühle in dir zu spüren sind. Überlege weniger, wie die Emotionen genannt werden, sondern beobachte, wie und wo sie zu spüren sind.

SOS-*Tools für die schnelle Rückkehr zur Gelassenheit*

Mache dir klar: »Ich bin der Beobachter von all dem, was abläuft.«

So kommst du zu deinem tiefen Inneren, welches unberührt ist von allen Gedanken und Gefühlen und welches dich immer wieder neu regeneriert. Du kannst Gedanken beobachten, also bist du nicht die Gedanken, du bist der Beobachter. Du kannst die Wortgedanken hören, du kannst die Bildgedanken sehen, du kannst die Gefühle spüren. Du selbst bist der Beobachter. Du selbst bist Ananda, Freude. Du selbst bist Verbundenheit. Du selbst bist das Bewusstsein, das Bewusstsein hinter allem, was abläuft, verbunden mit dem kosmischen Bewusstsein. Spüre das. Sei dir bewusst und bekomme daraus Kraft für alles, was dich erwartet.

Diese Meditation funktioniert im Sitzen und Liegen, im Stehen und beim Gehen, beim Autofahren und Fahrradfahren. Sie ist ideal, um aus dem Grübeln – auch mitten in der Nacht – herauszufinden und sich die Nicht-Identifikation mit Gefühlen und Gedanken aus dem Jnana Yoga zu vergegenwärtigen.

Wiederholung eines Mantras für Entspannung und neue Kraft zwischendurch

Wiederhole ein Mantra – vielleicht Om, das für die Einheit allen Seins steht – beim Einatmen und beim Ausatmen. Atme dazu drei bis vier Sekunden lang ein und atme drei bis vier Sekunden lang aus und wiederhole dabei jeweils das Mantra. Sei dir bewusst, dass das Mantra ein Wort der Kraft ist und dass du dich über das Mantra mit dieser Kraft verbindest. Wiederhole das Mantra sanft oder konzentriert: Lass das Mantra entweder einfach sanft wirken, oder konzentriere dich zusammen mit dem Mantra auf ein Chakra und auf die göttliche Kraft, die damit aktiviert wird. Nach einer Weile spüre in das Herz oder den Punkt zwischen den Augenbrauen, wiederhole dort das Mantra und spüre, wie dir das Mantra Entspannung und neue Kraft gibt. Vertiefe wieder den Atem und fühle dich voller Kraft und Energie.

Die Übung geht im Sitzen, im Stehen, beim Gehen, beim Fahrrad- und Autofahren, mit offenen und geschlossenen Augen. Wenn Sie das Mantra laut sprechen, spüren Sie sehr schön seine Schwingungen der Töne in Ihrem Körper, aber es wirkt auch, wenn es nur innerlich gesprochen wird.

Einfache Mantras für mehr Gelassenheit

Mit folgenden Mantras können Sie Ihre Stimmung gezielt beeinflussen:

Om – für Verbindung und Einheitsgefühl

Ram (mit langem a) – für Liebe und Freude

Om Shakti – für mehr Energie

Hari Om – für Vertrauen

Om Namah Shivaya – für Zugang zu sich selbst

Om Shanti – für Frieden mit sich selbst und seinen Mitgeschöpfen, auch für Vergebung

Yoga-Programm für langfristige Gelassenheit

Damit Gelassenheit zu einem festen Bestandteil Ihres Lebens werden kann, helfen regelmäßige Übungen. Sie kommen aus dem Hatha Yoga und werden eingeteilt in Asanas, Pranayama und Tiefenentspannung. Die folgenden Praktiken sind nicht nur einfach und lassen sich leicht auch einzeln in den Alltag einbauen, sie sind zudem sehr machtvoll im Hinblick auf mehr innere Ruhe.

Mit Asanas Körper und Geist entspannen

Die Körperstellungen aus dem Hatha Yoga helfen Vergangenes loszulassen, lösen Muskelverspannungen und Blockaden im Körper, bringen durch die Konzentration auf Atmung und Bewegung den Geist zur Ruhe und liefern neue Energie. Sie erlernen die Yoga-Stellungen am besten in einer guten Yoga-Schule, damit sich gerade am Anfang keine Fehler einschleichen und die positiven Effekte der Asanas verhindern. Deshalb ist hier auch nur ihre Wirkung, nicht ihre Ausführung beschrieben – das würde den Rahmen dieses Gelassenheitsbuchs sprengen. Wenn Sie die Grundlagen kennen, sind im zweiten Schritt CDs, DVDs und Bücher eine gute Unterstützung.

Die kurze Asana-Reihe aus einfachem Sonnengruß, Hund, Vorwärtsbeuge, Kobra, Drehsitz, Baum und Entspannungslage ist gut geeignet als regelmäßige Hatha-Yoga-Praxis zur

Förderung der Gelassenheit. Optimal wäre tägliches Üben, aber auch mit zwei- bis dreimal die Woche kommen Sie der Gelassenheit näher – allerdings langsamer. Außerdem kann jede Übung auch einzeln zwischendurch geübt werden.

Einfacher Sonnengruß Der Sonnengruß, Surya Namaskar, ist eine dynamische Übung aus zwölf Bewegungen, die alle Teile des Körpers dehnt, stärkt und die Chakras, die Energiezentren, öffnet. Sie gibt Kraft für neue Aufgaben und verscheucht Müdigkeit oder Lethargie. Der Sonnengruß hilft auch bei Ärger, denn das oft zerstörerische Feuer des Ärgers wird sofort in positiv nutzbare Energie umgewandelt.

Hund Der Hund, Shvanasana, erdet, weckt das Gefühl von Stärke und dehnt den Rücken.

Sitzende Vorwärtsbeuge Die sitzende Vorwärtsbeuge, Paschimottanasana, ist eine Übung der Demut, des Vertrauens, der Geduld und der Ruhe. Sie beruhigt die Verdauungsorgane, aktiviert und harmonisiert Agni, das Verdauungsfeuer. Die Beine werden gedehnt, und weil die Beine über Muskelketten mit dem Rücken in Verbindung stehen, unterstützt die Vorwärtsbeuge die Entspannung des Rückens und des Nackens.

Kobra Die Kobra, Bhujangasana, ist eine machtvolle Rückbeuge, die das Herz öffnet und Spannungen in der Brust löst. Sie symbolisiert den spirituellen Weg: mit allen vieren auf der Erde, das Herz offen für alle Mitgeschöpfe, den Geist geöffnet zur Himmelskraft, zum Göttlichen, zur Inspiration.

Diese Asana stärkt die Rückenmuskeln, die Verdauungsorgane und die weiblichen Geschlechtsorgane.

Der Drehsitz Der Drehsitz, Ardha Matsyendrasana, fördert die Flexibilität der Wirbelsäule und des Geistes. Er verhilft zur inneren Stärke, aktiviert Agni, das Verdauungsfeuer, die innere Sonne, die innere Kraft, und hilft, sich den Menschen zuzuwenden. Der Drehsitz aktiviert die Chakras entlang der Wirbelsäule, so dass das Prana zum höchsten Chakra, dem Scheitelchakra, strömt und wir uns mit dem Göttlichen verbunden fühlen.

Baum Der Baum oder Einbeinstand, Vrikshasana, fördert Gleichgewicht, Konzentration und innere Ruhe. Er verbindet zum einen mit der beruhigenden, harmonisierenden Kraft der Erde, zum anderen öffnet er für die Kraft des Himmels, die Inspiration. Der Baum gibt wie kaum eine andere Asana die Grundlage für Gelassenheit im Alltag.

Kurze Gelassenheitsreihe
Ruhiges Stehen: drei bis fünf Atemzüge lang
Sonnengruß: sechs bis acht Runden
Hund: bis zehn Atemzüge lang
Vorwärtsbeuge: bis zehn Atemzüge lang
Kobra: bis zehn Atemzüge lang
Drehsitz: auf jeder Seite bis zehn Atemzüge lang
Einbeinstand: auf jeder Seite bis zehn Atemzüge lang
Liegende Tiefenentspannung: fünf bis zehn Minuten lang

PRAKTISCHE METHODEN UND TECHNIKEN

Pranayama – mit Atemübungen zur inneren Ruhe

Sie erinnern sich: Prana ist die Lebensenergie, »Ayama« heißt »Steuerung, Kontrolle, Meisterschaft«. Pranayama ist also die Steuerung der Lebensenergie. Im Alltag ist ein gutes, machtvolles Prana eine große Hilfe. Ist Ihr Geist aber unruhig, dann geht das einher mit Unruhe der Lebensenergie. Harmonisieren Sie Ihre Lebensenergie, passt sich der Geist automatisch an und wird ruhiger. Das gilt sowohl für zu viel als auch für zu wenig Energie, was sich in Hibbeligkeit bzw. Niedergeschlagenheit äußern kann.

Atemübungen sind eine Möglichkeit, effektiv auf das Prana einzuwirken. Sie heißen im Yoga Pranayama und gehören wie die Asanas zum Hatha Yoga. Einige kennen Sie bereits:

- Agni Sara (Seite 147), um die Lebensenergie zu aktivieren
- Kapalabhati (Seite 148), um schnell neue Energie zu bekommen und gegen großen Ärger
- Aufladeübung (Seite 162), um neue Energie zu erhalten und Verspannungen zu lösen

Die einfachste Atemübung ist übrigens die tiefe Bauchatmung (siehe auch Seite 101). Atmen Sie dazu nur ganz tief in den Bauch hinein, so dass sich die Bauchdecke hebt, und am besten doppelt so lange wieder aus, bis die Bauchdecke ganz eingezogen ist. Das hilft gegen Angst und Ärger und bringt neue Energie. Anspruchsvoller, aber sehr wirksam sind die folgenden Übungen.

Yoga-Programm für langfristige Gelassenheit

Uddhiyana Bandha Für Ausstrahlung und Intuition

Stehe gerade, die Füße hüftbreit auseinander. Atme tief ein und dann atme durch den Mund aus. Beuge die Knie, lege die Hände darauf und stütze dich ab. Ziehe dann den Bauch ein, während du den Brustkorb nach vorne wölbst. Spüre nicht nur den eingezogenen Bauch, sondern auch, wie die Energie hochsteigt zum Punkt zwischen den Augenbrauen. Halte so lange, bis der Impuls zum Einatmen kommt, dann lass den Bauch wieder nach außen gehen, atme ein und richte dich auf. Atme durch den Mund aus, gehe dabei wieder in die Knie, Hände darauf und mach alles wie eben. Noch eine weitere Runde. Wenn danach der Impuls zum Einatmen kommt, lass den Bauch wieder nach außen gehen und atme ein paarmal tief ein und aus. Stehe ruhig und fühle die Energie in Bauch (Sonnenenergie) und Stirn (Mondenergie).

Diese Atemübung weckt zum einen das Feuer im Solarplexus und bringt so Energie und Ausstrahlung, zum anderen aktiviert sie die Mondenergie für die Intuition. »Uddhiyana« heißt »nach oben fliegen«. Uddhiyana Bandha lässt das Prana des Bauchs nach oben strömen zum Herzen und zum Kopf. Agni Sara und Uddhiyana Bandha können Sie nacheinander jeden Morgen zum Wachwerden üben.

Gorilla
Für einen schnellen Energieschub

Stelle dich entspannt hin, die Füße etwa hüftbreit auseinander. Zentriere dich im Bauchbereich, indem du ein paarmal tief in den Bauch ein- und wieder ausatmest. Dann atme ein, bis deine Lungen vollständig gefüllt sind. Nun halte kurz die Luft an und klopfe – wie ein Gorilla – mit den Fingerspitzen den Brustkorb ab: vorne, hinten, an den Seiten. Dann schürze die Lippen und atme stoßweise durch den Mund nach unten aus. Währenddessen gehe leicht in die Knie und stütze dich auf den Knien oder Oberschenkeln ab. Halte kurz den Atem an und ziehe den Bauch ein. Dann richte dich auf und atme wieder vollständig ein, dabei geht der Bauch wieder nach außen. Halte die Luft an und beklopfe wieder mit den Handflächen den Brustkorb … Mach das insgesamt dreimal.

Atme dann ein paarmal tief ein und aus und spüre nach: Vermutlich spürst du ein sanftes Kribbeln und Pulsieren im gesamten Brustkorb, vielleicht auch dein Herz, vielleicht Freude, Liebe und Kraft.

Die Übung belebt und reinigt die Lunge, öffnet den Brustraum und das Herz. Sie eignet sich zur Aktivierung nach dem Aufwachen und immer wieder zwischendurch. Besonders schön ist es, den Gorilla in der Natur zu machen.

Yoga-Programm für langfristige Gelassenheit

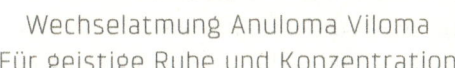

Wechselatmung Anuloma Viloma
Für geistige Ruhe und Konzentration

Setze dich bequem und gerade hin, Schultern entspannt. Hebe deine rechte Hand und beuge Zeige- und Mittelfinger. Jetzt atme zunächst sehr tief aus. Schließe dann das rechte Nasenloch mit dem rechten Daumen. Atme links ein, dabei wölbt sich der Bauch nach außen. Halte die Luft an, schließe beide Nasenlöcher. Öffne das rechte Nasenloch und atme rechts aus, der Bauch sinkt ein. Atme rechts ein, dabei wölbt sich der Bauch. Halte die Luft an und schließe beide Nasenflügel. Atme links aus, entspanne dabei die linke Körperhälfte, der Bauch sinkt ein. Atme links ein, stelle dir vor, du sammelst Licht und Energie in der linken Körperhälfte, der Bauch wölbt sich. Halte die Luft an. Atme rechts aus und stelle dir vor, du entspannst die rechte Körperhälfte, während der Bauch einsinkt. Atme rechts ein, der Bauch wölbt sich, sammle neues Licht, Kraft, Positivität in die rechte Körperhälfte. Halte die Luft an, spüre die Aufladung.

Atme insgesamt viermal auf diese Weise.

Dann atme links ein und ziehe die Bewusstheit hoch zum Punkt zwischen den Augenbrauen. Halte die Luft an, konzentriere dich auf den Punkt zwischen den Augenbrauen. Atme rechts aus, entspanne dich dabei ganz und spüre weiter den Punkt zwischen den Augenbrauen. Atme rechts ein, ziehe Licht, Kraft, Positivität zum Punkt zwischen den Augenbrauen.

Halte die Luft an und atme noch zwei Runden so weiter. Nach dem Ausatmen links senke die Hand.

Atme ein paarmal tief und bewusst in den Bauch ein und aus. Sage dir jetzt innerlich: »Ich bin voller Kraft und Energie. Ich habe große geistige Stärke. Mir geht es gut. Möge ich Gutes bewirken. Ich freue mich auf den weiteren Tag.«

Die Wechselatmung Anuloma Viloma unterstützt Zentrierung und Entspannung, sie stärkt die Konzentrationsfähigkeit, die Intuition und das Gedächtnis. Die Atemtechnik ähnelt zwar der von Surya Bhedana auf Seite 142, unterscheidet sich aber in den Details und dadurch auch in der Wirkung.

Tiefenentspannung – nicht nur für besseren Schlaf

Eine der einfachsten Übungen für mehr Gelassenheit im Leben ist Tiefenentspannung, zumal sie sich wirklich leicht in den Alltag einbauen lässt: Die klassische Yoga-Tiefenentspannung üben Sie am besten abends im Bett vorm Schlafengehen. Dadurch wird der Schlaf tiefer und erholsamer. Am Nachmittag kann sie auch gut ein Mittagsschläfchen ersetzen, wirkt aber nachhaltiger. Die Kurzform, die PMR-Blitzentspannung, und eine Erläuterung des Wirkprinzips finden Sie auf Seite 177 bei den Blitzentspannungstechniken.

Yoga-Programm für langfristige Gelassenheit

Atemreihe für Kraft und Inspiration

Wenn Sie diese Atemübungen jeden Morgen hintereinander machen, haben Sie den ganzen Tag über genug Energie für alle Ihre Aufgaben:

- ❀ Agni Sara: dreimal
- ❀ Uddhiyana Bandha: zweimal
- ❀ Gorilla: zweimal
- ❀ Stehende Aufladeübung: dreimal
- ❀ Kapalabhati: zweimal
- ❀ Wechselatmung Anuloma Viloma: siebenmal. Dabei gehen Sie die sieben Chakras von unten nach oben durch.

Das sind machtvolle Atemübungen für große Kraft und Inspiration, die nur zwanzig Minuten Zeit in Anspruch nehmen.

Yoga-Vidya-Tiefenentspannung

Lege dich in einem warmen Raum auf einer Unterlage auf den Rücken. Decke dich zu und stütze Kopf und Knie bei Bedarf mit einem Kissen. Die Füße liegen etwa hüftbreit auseinander, und die Arme sind etwa 30 Grad abgewinkelt. Die Handflächen zeigen nach oben, so dass die Schultern flach am Boden liegen. Nun gehst du alle Körperteile nacheinander von unten nach oben durch, indem du erst in sie hineinspürst, sie dann bewusst vier bis fünf Sekunden anspannst und dabei die Anspannung spürst, dann loslässt und die Entspannung spürst. Du fühlst also zuerst das rechte Bein, dann hebst du es ein paar Zentimeter hoch. Spüre, wie es sich anfühlt, das Bein anzuspannen. Dann senke das Bein langsam, spüre, wie sich das Bein entspannt und entspannt ist. Fühle das linke Bein, hebe es und spanne es an, senke es und spüre die Entspannung. Auf diese Weise gehst du weiter zu Gesäß und unterem Rücken, zum Bauch, Brustkorb, zu Armen und Händen. Immer hebst und spannst du an, lässt los und spürst nach. Die Schultern ziehst du zu den Ohren hoch, das Gesicht ziehst du mit geschlossenen Augen so zusammen, als wolltest du zur Nase schauen. Öffne danach die Augen, schaue nach hinten und strecke die Zunge raus. Lass los, schließe die Augen, drehe den Kopf von rechts nach links.

Die zweite Stufe ist die Entspannung mit Autosuggestion. Sie wirkt über das Unterbewusstsein. Du brauchst nichts Besonderes zu spüren, der Körper wird die nächsten fünf bis zehn Minuten die betreffenden Körperteile immer weiter entspannen. Dafür gehst du von den Füßen bis zum Scheitel jeden Körperteil von unten nach oben in Gedanken durch und bittest ihn, sich zu entspannen. Spüre deine Füße und sprich zwei- oder dreimal geistig, ohne die Füße zu bewegen: »Ich entspanne die Füße.« Gehe weiter zu Waden, Oberschenkeln, Hüfte, Gesäß, unterem Rücken ... bis du über Kiefer, Zunge, Augen und Stirn beim Scheitel endest. Im dritten Schritt entspanne dich geistig: Stelle dir einen Ort der Ruhe vor, male ihn dir genau aus. Vielleicht eine

Yoga-Programm für langfristige Gelassenheit

Wiese an einem See mit Bergen im Hintergrund oder einen weiten leeren Strand am Meer. Lass deinen Blick innerlich schweifen und komme so immer weiter in eine Entspannung. Genieße dieses Gefühl der Geborgenheit und Ruhe, der Weite und der Verbundenheit. Genieße das Gefühl der vollkommenen Entspannung für etwa zwei Minuten. Wenn du schlafen möchtest, drehe dich auf die rechte Seite und schlaf ein. Wenn nicht, komme so zum Abschluss:
Vertiefe wieder deinen Atem und sammle dadurch neue Kraft und Energie. In diesem entspannten Zustand wirken Suggestionen besonders gut. Sprich innerlich: »Ich bin voller Kraft und Energie. Mir geht es gut. Ich freue mich auf alle Erfahrungen, die mir das Leben bringt. Ich freue mich, dass ich an allen Herausforderungen wachsen kann.« Dann bewege die Füße, die Hände, strecke und räkle dich. Drehe dich auf die linke Seite, wenn du anschließend etwas Aktiveres tun willst, oder drehe dich auf die rechte Seite, wenn du das Weitere sehr geruhsam angehen willst. Dann setze dich langsam auf. Atme ein paarmal tief ein und aus und freue dich auf alles Weitere.

Tipp: Sie können den zweiten Schritt der Tiefenentspannung verändern und daraus eine Dankbarkeitsübung machen. Ein inneres Gefühl von Dankbarkeit hilft Ihnen, ein Grundgefühl von Gelassenheit zu erzeugen. Dazu gehen Sie wieder im Geiste Ihren Körper von unten nach oben durch und danken Ihren Körperteilen: »Liebe Füße, ich danke euch. Möge ich stets standhaft sein.« »Liebe Beine, ich danke euch. Möge ich stets gut unterwegs sein.« Zuletzt: »Lieber Körper, ich danke dir. Du ermöglichst mir, gute Erfahrungen zu machen und einiges zu bewirken.« Berücksichtigen Sie als Abschluss noch Ihre Gefühle und Gedanken: »Liebe

Gefühle, ich danke euch. Ihr macht mich lebendig.« »Liebe Gedanken, ich danke euch. Ihr seid stets um mein Wohlergehen bemüht. Ihr dürft auch eine Pause einlegen.«

Meditation

Die kurze Achtsamkeits- und die Atemmeditation haben Sie bereits auf Seite 161 bei den SOS-Tools kennengelernt ebenso wie Tratak (Seite 174). Für eine dauerhafte Gelassenheit ist regelmäßiges Meditieren besonders effektiv. Langfristig führt es Sie sogar zur Erleuchtung. Es lohnt sich also, sich damit zu beschäftigen – auch wenn es Ihnen anfangs vielleicht seltsam vorkommt. Sie müssen auch nicht mit gekreuzten Beinen oder im Kniesitz auf der Erde hocken: Auf einem Stuhl können Sie ebenso meditieren. Wichtig ist, dass die Wirbelsäule aufgerichtet ist, die Schultern entspannt etwas nach hinten fallen (dadurch wölbt sich automatisch der Brustkorb leicht nach vorne) und Kiefergelenke sowie Augen entspannt sind. Da Meditation etwas wirklich Wunderschönes ist, lächeln Sie von innen heraus. Bitten Sie zu Beginn einer jeden Meditation Ihren Körper und Ihren Geist, ruhig und entspannt zu bleiben.

Yoga-Programm für langfristige Gelassenheit

Eigenschaftsmeditation
Zur Stärkung einer positiven Eigenschaft

Atme ein paarmal tief in den Bauch ein und aus. Bringe so neuen Sauerstoff zum Gehirn und aktiviere deine Lebensenergie im Sonnengeflecht. Überlege, welche Eigenschaft du in dir stärken möchtest, zum Beispiel Mut oder Geduld, und entscheide dich für eine. Jetzt kommt der erste Hauptschritt der Meditation, die Affirmation mit der Eigenschaft. Wiederhole die Eigenschaft einige Male gleichmäßig für dich selbst: »Ich bin mutig« oder »Ich entwickle Geduld«.

Es folgt der zweite Hauptschritt dieser Meditation, das Nachdenken über diese Eigenschaft. Du kannst überlegen: »Was ist diese Eigenschaft? Warum will ich sie entwickeln? Was habe ich davon, die Eigenschaft stärker in mir zu haben?« Lasse nach einer Weile die Worte langsam verklingen und gehe jetzt in das Gefühl der Eigenschaft hinein. Stelle dir vor, diese Eigenschaft wird jetzt manifest. Du bist in einer Situation und fühlst Mut in dir oder Geduld. Stelle dir vor, du bist jetzt ganz ergriffen von diesem speziellen Gefühl, und lass es in dir immer stärker werden. Wenn du willst, kannst du auch wiederholen »Geduld« oder »Ich spüre in mir Geduld«, doch nur in dem Maße, wie es notwendig ist, damit du dieses Gefühl spürst. Spüre: Wo in dir ist dieses Gefühl spürbar und wie breitet es sich aus? Wie durchströmt dieses Gefühl alle Fasern deines Wesens? Jetzt vertiefe deinen Atem, bleibe aber noch einige Minuten ruhig sitzen.

Dritter Hauptschritt der Meditation ist die Visualisierung: Stelle dir Situationen vor, in denen du diese Eigenschaft unter Beweis stellen wirst. Male dir die Situation konkret aus. Du kannst gleichzeitig der Erzähler sein und auch der Schauspieler, die Hauptperson sowie der Beobachter. Jetzt sprich die Affirmation so, wie du sie zu Anfang gesprochen hast. Vertiefe nun deine Atmung wieder, bewege die Füße und Hände, öffne die Augen, lächle freundlich und freue dich auf den weiteren Tag.

Drücken Sie die Eigenschaft immer positiv aus, also nicht »Aufhören von Angst oder Ungeduld«, sondern »Mut« bzw. »Geduld«. Probieren Sie, ob Sie die Eigenschaft lieber gegenwarts- oder entwicklungsbezogen beschreiben, also »Ich bin mutig« oder »Ich entwickle Geduld«. Machen Sie es so, wie es Ihnen stimmig erscheint. Sie können auch die Kraft eines Mantras in die Eigenschaft hineinbringen: »Ich bin mutig, Om, Om, Om.« Das macht diese Meditationstechnik noch effektiver. Fünfzehn Minuten sollten Sie für diese Meditation mindestens einplanen.

Gelassenheitsmeditation

Diese Meditation ist eine spezielle Variante der Eigenschaftsmeditation mit der Eigenschaft Gelassenheit im Mittelpunkt. Zuerst wiederholst du die Affirmationsformel »Ich entwickle Gelassenheit« oder »Von Tag zu Tag werde ich gelassener und gelassener sein«.

Danach kommt auch hier die Phase des Nachdenkens: Was heißt für dich Gelassenheit? Was sind die Vorteile von

Gelassenheit? Warum ist es gut, Gelassenheit zu entwickeln? Denke wirklich nach, in Sätzen, für dich selbst.

Dann spüre das Gefühl von Gelassenheit, das Gefühl von Stärke, Ruhe, Vertrauen, Verbundenheit, Weisheit. All das steckt in Gelassenheit drin. Liebe, Verständnis. Und all das ist in dir angelegt. Gehe ganz in dieses Gefühl von Gelassenheit hinein und spüre diese tiefe innere Gelassenheit. Jetzt male dir eine oder mehrere Szenen aus, wo du sonst nervös, ärgerlich oder traurig bist und wo du nun gelassen reagierst. Wie würde es sich anfühlen? Wie würdest du reagieren? Wie würdest du sprechen? Wie wäre deine Körperhaltung? Überlege dir, wie du das nächste Mal gelassen reagieren wirst. Wie wirst du dich fühlen? Wie wirst du verankert sein? Was wirst du tun? Wie wirst du sprechen? Wie ist dein Gesichtsausdruck? Zum Schluss wiederhole nochmals die Affirmation vom Anfang.

Dann atme tief, bewege dich, öffne die Augen und lächle.

Üben Sie mit dieser Technik jeden Tag etwa achtzehn bis zwanzig Minuten lang oder zumindest mehrmals die Woche. Sie werden feststellen, dass Sie auch im Alltag gelassener werden.

Maitri-Bhavana-Meditation
Für liebende Güte und Verständnis

Atme ein paarmal tief ein und aus. Spüre in dein Herz hinein und stelle dir vor, von oben strömt Licht in dich hinein, durchzieht dich von Kopf bis Fuß und bringt das Licht in deinem Herzen zum Leuchten. Und sprich Segenswünsche für dich selbst, wie: »Ich wünsche mir selbst Licht und Liebe. Möge es mir gut gehen. Möge ich eine Quelle des Wohlergehens für mich selbst und andere sein.« Bleibe dann einen Moment lang im Herzen und spüre dich in deinem Herzen voller Liebe und Freude.

Jetzt stelle dir deine Eltern vor. Stelle dir vor, Licht und Segen strömt in sie hinein. Sprich sie innerlich an, so wie du sie nennst: »Liebe Mama, lieber Papa, ich danke euch. Ihr habt mir in dieser Inkarnation das Leben geschenkt. In vielem habt ihr das Beste gegeben, in manchem wart ihr überfordert. Ich bitte um Verständnis, dass ich meinen eigenen Weg gehe. Ich danke euch, ich ehre euch. Und ich weiß, ich bin ein Kind des Göttlichen.«

Stelle dir einen, zwei, drei oder vier weitere Menschen vor, die in deiner Kindheit und Jugend wichtig waren, im Angenehmen wie auch im Unangenehmen. Stelle dir vor, sie sind vor dir versammelt. Stelle dir Licht vor und stelle dir vor, dieses Licht durchdringt diese Menschen. Dann nenne sie beim Namen: »Liebe (nenne jeden beim Namen), ich danke euch für das, was ich mit euch erleben konnte. Ich danke euch für die Unterstützung wie auch für die Lern-

Yoga-Programm für langfristige Gelassenheit

aufgaben. Ich weiß, ihr wart letztlich Instrumente des einen unendlichen Göttlichen. Wenn es etwas zu vergeben gibt, möchte ich euch gerne vergeben und umgekehrt um Vergebung bitten.«

Denk an ein paar Menschen, die im weiteren Leben für dich wichtig waren, und versammle sie innerlich vor dir. Ein Lichtsegen durchströmt sie, die alle Manifestationen des Göttlichen sind. Nenne sie beim Namen und sprich mit ihnen: »Ich danke euch. Ich danke euch für die Unterstützung, ich danke euch für die Herausforderungen und Lernaufgaben.« Vielleicht fallen dir andere Worte ein, die jetzt angemessen sind. Dann entlasse diese Menschen und alle anderen ins Licht.

Nun stelle dir ein paar Menschen vor, die jetzt in deinem Leben wichtig sind. Das können zehn bis zwanzig sein oder auch nur zwei, drei oder vier. Stelle dir diese Menschen vor, wie Licht in sie hineinströmt. Sprich zu ihnen: »Ich wünsche euch Licht und Liebe. Mögen unsere Herzen füreinander offen sein.« Sprich eigene Segenswünsche, die dir angemessen erscheinen. Spüre jetzt mit deinem Herzen das Herz von jedem, der dir jetzt besonders wichtig ist oder mindestens ein paar davon. Fühle dich mit ihnen im Herzen verbunden. Jetzt mache dir bewusst, jeder Einzelne ist Manifestation der unendlichen Schöpfung, Manifestation des unendlichen Göttlichen, jedes scheinbare Individuum ist eine Manifestation des gleichen Göttlichen, so wie jeder Finger an einer Hand ist und beide Hände an einem Körper. So sind alle Menschen Teil der Menschheit, Teil dieser Erde, Teil Gottes. Fühle dich verbunden mit allen Menschen und mit allen Tieren und Pflanzen auf dem ganzen Planeten.

Diese Meditation können Sie jeden Tag üben oder immer, wenn Sie mehr Liebe spüren wollen – zu sich selbst, zu den Mitgeschöpfen, Liebe für die ganze Welt. Eine Grundstimmung von Liebe, Mitgefühl ist sehr wichtig für ein Gefühl der Gelassenheit im Alltag.

☙ ☙ ☙

Die täglichen zwanzig Minuten

Wenn Sie Ihr Leben dauerhaft in Richtung Gelassenheit lenken wollen mit all den positiven »Nebenwirkungen« – mehr Energie, Kreativität und Lebensfreude –, gönnen Sie sich jeden Morgen zwanzig Minuten Übungspraxis. Ich sage bewusst gönnen, denn es ist ein Geschenk an Sie selbst, keine lästige Pflicht. Ihr Leben wird dadurch positiver, reicher, bewusster und freudvoller werden. Sie werden sich an manches herantrauen und Ihnen wird manches gelingen, vor dem Sie jetzt noch zurückschrecken. Ich selbst könnte meine vielen Pläne und Aufgaben nicht verwirklichen und erfüllen, wenn ich nicht jeden Morgen eine halbe Stunde Pranayama machte.

Ob Sie sich für eine Asanareihe, Pranayamafolge oder für eine Kombination entscheiden, ist egal – Hauptsache, Sie machen es wirklich! Sie können sich die Übungen auch gezielt für Ihren Bedarf zusammenstellen. Mein Vorschlag für zwanzig Minuten Yoga ist eine Mischung aus stehenden und sitzenden Übungen, aus Atemübungen, Meditation und Asanas für neue Kraft und Positivität als Grundlage für eine dauerhafte Gelassenheit:

- Agni Sara: dreimal
- Kavacham
- Kapalabhati: zweimal
- Meditation mit dem Mantra Om, mit Herzensverbindung und Affirmation
- Sitzende Vorwärtsbeuge: bis zehn Atemzüge lang
- Kobra: bis zehn Atemzüge lang
- Baum: auf jeder Seite bis zehn Atemzüge lang

Wenn Sie nach einiger Zeit der Übung merken, wie gut Ihnen das tut, möchten Sie vielleicht mehr machen. Das optimale tägliche Programm besteht aus je zwanzig Minuten Pranayama (Seite 190), Meditation (Seite 198), Asanas, Tiefenentspannung (Seite 194) und zum Schluss Kavacham (Seite 164), also sechzig bis achtzig Minuten. Dem können Sie sich langsam annähern, indem Sie die einzelnen Bereiche nach und nach verlängern oder vielleicht zunächst erst einmal, dann zweimal in der Woche diese lange Version üben.

Minimax-Gelassenheitstipps für den Alltag

In unser aller Alltag gibt es regelmäßig wiederkehrende Situationen, die wir – normalerweise – nicht ändern können, die uns aber trotzdem immer wieder aus der Fassung bringen: Sei es, dass wir uns darüber aufregen, weil uns irgendetwas nicht schnell genug geht, sei es, dass wir schlechte Laune bekommen, weil wir etwas erledigen müssen, oder dass wir unruhig werden, weil wir eine Aufgabe innerlich vor uns herschieben. Für die häufigsten Situationen gibt es ganz einfache Lösungen: Es sind minimale Veränderungen mit maximaler Wirkung – deswegen Minimax-Tipps. Beim Lesen werden sie Ihnen sogar banal vorkommen. Trotzdem werden Sie vielleicht bei der Umsetzung innere Widerstände überwinden müssen – wenn nicht, umso besser –, denn die Veränderungen betreffen Ihre Einstellung, Ihre Kreativität oder Ihre Gewohnheiten. Integrieren Sie möglichst viele dieser Tipps in Ihren Alltag, und Sie haben einige Stressquellen eliminiert.

Wartezeiten und Staus sind gewonnene Zeit

Verspätete Züge und Flugzeuge, Schlangen an der Kasse und beim Arzt, Staus auf den Straßen und Autobahnen – es gibt reichlich Wartezeiten im modernen Leben. Statt sich zu ärgern, freuen Sie sich darüber: Das ist Ihre geschenkte Zeit, denn kaum jemand wird Ihnen Ihr Zuspätkommen übel nehmen, weil Sie einen guten Grund haben. Nutzen Sie die Zeit bewusst für sich, indem Sie sich ein Buch oder einen MP3-Player mit Musik oder Podcasts mitnehmen. Wenn Sie aufs Warten nicht vorbereitet waren, sprechen Sie innerlich ein Mantra, machen Sie eine Fantasiereise oder meditieren Sie. Schauen Sie sich die Umgebung an und lassen Sie es zu einer Achtsamkeitsübung werden, lächeln Sie anderen Wartenden zu und üben Sie die Herzensverbindung ... es gibt genug Möglichkeiten, wie Sie von der Wartezeit profitieren können: Das Schicksal hat Ihnen eine Ruhezeit geschenkt, und weil Sie so viel zu tun haben, hat es diese Ruhezeit als Wartezeit getarnt.

Hausarbeit ist Entspannung und Regeneration

Für viele Menschen ist Hausarbeit eine Quelle des Ärgers und des Frusts. Wer sich keine Haushaltshilfe leisten kann, tut sich selbst etwas Gutes, wenn er seine Einstellung ändert: Nehmen Sie Hausarbeit als Zeit für sich selbst an, denn niemand wird sie Ihnen wegnehmen. Oder schreien Ihre Kinder »Hier«, wenn Sie sagen: »Ich muss staubsaugen«? Vermutlich nicht. Stattdessen können Sie dabei ungestört Ihren Gedanken nachhängen, Musik oder Hörbücher hören, eine Tätigkeitsmeditation machen.

Überlegen Sie sich: »Wie müsste ich es machen, damit Hausarbeit für mich Quelle von Entspannung und Regeneration wäre?« Zunächst einmal nehmen Sie den Leistungsaspekt heraus: Sie müssen die Hausarbeit nur gut genug für sich selbst machen, nicht besser als Ihre Nachbarin oder Ihre Schwiegermutter. Dann überlegen Sie sich, welche Aspekte eine Tätigkeit mitbringt und ob Sie die betonen möchten. So können Sie jede Hausarbeit – und alle anderen Tätigkeiten – als spirituelle Übung angehen:

- Seien Sie im Hier und Jetzt.
- Nehmen Sie bewusst wahr: Bewegungen, Geräusche, Gerüche ...
- Hängen Sie nicht an den Ergebnissen Ihrer Arbeit – das ist wichtig für Menschen, die Hausarbeit für Sisyphusarbeit halten.
- Vergleichen Sie das Ergebnis nicht mit dem von anderen Menschen.

Manche Tätigkeiten wie Staubsaugen können Sie mit der Atmung verknüpfen. Oder Sie achten auf die Bewegung selbst und darauf, dass sie Ihnen guttut. Oder Sie machen es spielerisch-sportlich und versuchen möglichst schnell zu sein. Oder Sie betrachten es unter ästhetischen Aspekten und erfreuen sich an der neuen Sauberkeit. Sie können auch dabei singen oder pfeifen. Oder »nur« lächeln – das hebt die Stimmung und fördert die Gelassenheit. Finden Sie Ihre Form der Regeneration und Entspannung bei der Hausarbeit.

Noch ein Gedanke zum Abschluss: Ausgerechnet in unserer immer hektischer werdenden Zeit haben die vielbeschäftigten Menschen oft keine Dienstboten mehr wie früher. Vielleicht ist Hausarbeit ein kosmischer Ausgleich: Das Schicksal schenkt Ihnen durch Hausarbeit Momente der Ruhe und Gelassenheit.

Der erste Parkplatz ist der beste

Die Parkplatzsuche bedeutet für viele Menschen jeden Tag aufs Neue Stress. Ab heute nicht mehr: Wenn Sie in die Nähe Ihres Ziels kommen, nehmen Sie den erstbesten Parkplatz. Vielleicht müssen Sie noch fünf Minuten zu Fuß gehen, kein Problem: Das ist gesund. Trotzdem sind Sie vermutlich früher am Ziel, als wären Sie dreimal um den Block gefahren, um einen näheren Parkplatz zu finden. Vielleicht ist dieser Parkplatz außerdem auch preiswerter.

Gut genug ist besser

Eine häufige Quelle von Stress, Ärger und Frust ist unser Streben nach Perfektionismus. Dabei ist er in etwa 80 Prozent der Situationen gar nicht nötig: Da reicht es völlig aus, gut zu sein. Außerdem ist es heutzutage kaum möglich, sich für das Beste zu entscheiden oder etwas perfekt zu machen. Das beste Handy von heute ist schon in einem Monat veraltet. Der beste Deal von heute wird schon bald unterboten werden. Die beste Wohnung kann schon bald von einer noch schöneren Wohnung übertrumpft werden. Machen Sie es sich deshalb zur Gewohnheit, in den meisten Fällen nach dem zu streben, was ausreichend gut ist, nicht nach dem Besten. Das macht Sie nicht nur gelassener, es spart auch viel kostbare Zeit.

Die zweitbeste Lösung ist die bessere

Das Prinzip von »gut genug« lässt sich in ähnlicher Weise auf Probleme übertragen: Wenn Sie ein Problem haben, ist es oft hilfreich, nach der zweitbesten Lösung zu suchen. Vielleicht kennen Sie die beste Lösung, aber sie ist zu kompliziert, zu teuer oder andere finden sie nicht gut. Dann ist es sinnvoll, nach der zweitbesten Lösung zu suchen, weil Sie dadurch die für Sie passende Lösung finden. In vielen Fällen wird die zweitbeste Lösung reichen, in manchen werden Sie aber doch das Beste für sich wollen.

Ein Beispiel: Sie wollen zu zweit in Urlaub fahren. Wanderurlaub und Urlaub am Strand stehen zur Debatte. Die beste Lösung für jeden Einzelnen wäre nicht die beste Lösung für den anderen, und der beste Kompromiss wäre zu teuer. Die zweitbeste Lösung kann jedoch für beide passen. Wenn Sie beide auch gerne Kultur anschauen, wäre eine Kulturreise diese zweitbeste Lösung.

PRAKTISCHE METHODEN UND TECHNIKEN

Die längste Schlange wählen

Egal wo Sie anstehen müssen, ob an der Kasse oder am Schalter, entscheiden Sie sich für die längste Schlange, denn so gewinnen Sie immer: Entweder haben Sie Glück und sind trotzdem schneller dran, als Sie es in den anderen Schlangen gewesen wären, oder Sie haben Zeit für sich gewonnen und können sich darüber freuen und sie für eine kleine Achtsamkeitsmeditation o. Ä. nutzen.

Eine vierte Möglichkeit suchen

Oft stehen wir vor zwei Alternativen und können uns nicht für eine entscheiden. Dann kann in vielen Fällen die Ministerkonferenz helfen, aber manchmal ist es nützlicher, nach einer dritten und vierten Möglichkeit zu suchen. Oft ist die vierte Möglichkeit die beste. Das klingt vielleicht seltsam, aber tatsächlich hilft diese Technik, innerlich Abstand von den beiden konträren Alternativen zu nehmen und sich für anderes zu öffnen. Sie können jetzt wieder Ihre innere Stimme hören, Kreativität und Intuition zulassen. Während die dritte Lösung oft noch nicht so toll ist, ist bei der vierten meist unsere Kreativität richtig erwacht, so dass das Ergebnis besser ist als die dritte Lösung.

»Und« statt »aber«

Gelassener leben wir automatisch, wenn wir weniger konfliktreich leben. Einige Konflikte schaffen wir selbst durch das Wort »aber«. Überlegen Sie jedes Mal, ob Sie Ihr Anliegen auch mit »und« formulieren können statt mit »aber«. Spüren Sie den Unterschied schon beim Lesen: »Ich versuche, dich zu verstehen, aber so können wir das nicht machen.« Stattdessen: »Ich versuche, dich zu verstehen, und ich meine, wir sollten es so und so machen.« Oder: »Ich habe deinen Vorschlag gehört, aber du hast Folgendes vergessen zu bedenken.« Besser: »Ich habe deinen Vorschlag gehört und ich meine, wir sollten Folgendes auch noch bedenken.«

»Sowohl – als auch« statt »entweder – oder«

Wer in seinen Überlegungen und in seiner Sprache nicht nur die eigenen, sondern auch die Interessen seiner Mitmenschen berücksichtigt, vermeidet Konfliktpotenzial und legt den Grundstein für Win-win-Situationen, die beiden Seiten nützen und mit denen sich beide gut fühlen. Überlegen Sie also, was Ihre eigenen Interessen sind und welche Ihr Gesprächspartner hat, und beziehen Sie das in Ihr Gespräch oder Ihre Verhandlung mit ein. Optimal ist es, wenn auch noch die Interessen von Menschen berücksichtigt werden, die zwar nicht anwesend sind, aber vom Ergebnis betroffen sein werden.

Auch bei klassischen Beziehungsfragen, die eine unmögliche Entscheidung fordern, müssen – und sollten – Sie sich nicht entscheiden. Eine weise Sowohl-als-auch-Antwort bringt Sie weiter. Auf die Frage »Was ist dir wichtiger: Yoga (der Hund, deine Eltern) oder ich?«, antworten Sie zum Beispiel mit dem Bild von Luft und Wasser: »So, wie ich Wasser und Luft brauche, um zu überleben, brauche ich in meinem Leben dich und auch Yoga (den Hund, meine Eltern).«

PRAKTISCHE METHODEN UND TECHNIKEN

Bei einer Entscheidung bleiben

Wie Sie gute Entscheidungen treffen können, habe ich ja bereits bei den Ministerkonferenzen beschrieben. Doch manche Menschen grübeln auch nach getroffener Entscheidung weiter über die Alternativen nach und ob nicht dies oder jenes doch besser gewesen wäre. Das bringt geistige Unruhe und wirft Sie aus Ihrer Gelassenheit. Deshalb: Wenn Sie eine Entscheidung getroffen haben, bleiben Sie dabei! Oder wie es auf Englisch heißt: »Once you decided, kill the alternatives.« Setzen Sie Ihre Energie lieber für Ihre Entscheidung ein, denn dann hat sie die größte Chance, erfolgreich zu sein. Krishna drückt es so aus: »Nachdem du alles abgewogen hast, entscheide dich für etwas. Dann bringe alles Gott dar, so machst du keine Fehler.«

Falls sich innere Anteile mit Alternativen zu Wort melden, bedanken Sie sich dafür und sagen Sie: »Ich habe mich entschieden.« Fangen Sie auch innerlich keine neue Diskussion an.

Manchmal kann es sinnvoll sein, eine Entscheidung nach einer gewissen Zeit zu überprüfen. Dann setzen Sie sich ein Datum dafür, aber bis dahin grübeln Sie nicht weiter darüber.

Setze deine Stärken ein und handle mit Freude

Wenn uns Tätigkeiten keinen Spaß machen oder wir uns nicht gut genug dafür fühlen, werden wir schnell unsicher oder bekommen schlechte Laune. Versuchen Sie, dem im Alltag möglichst vorzubeugen, und überlegen Sie sich: »Welche Stärken habe ich, die ich bei dieser Aufgabe einsetzen könnte? Wie kann ich das, was ich zu tun habe, freudvoll tun?« Wenn Sie darauf befriedigende Antworten finden, haben Sie auch automatisch genug Energie für die zuvor ungeliebte Tätigkeit.

Sie wollen beispielsweise Ihre Wohnung renovieren, können das aber nicht allein. Vielleicht sind Sie ein guter Koch: Dann laden Sie Ihre Freunde zu einer Renovierungsparty ein – und versprechen ihnen ein tolles Abendessen. Wenn Sie sich mit Computern gut auskennen, kümmern Sie sich ein paar Monate um die PCs der Bekannten. Die Hälfte wird Ihnen dann helfen, wenn es ums Renovieren geht. Als guter Autodidakt lesen Sie erst Bücher oder Internetseiten über das Renovieren und setzen das Gelernte dann um. Wenn Sie es schön haben wollen, aber renovieren nicht leiden können, engagieren Sie Handwerker. Das nötige Geld dafür bekommen Sie zum Beispiel durch Überstunden oder indem Sie Dinge verkaufen, die noch in Ordnung sind, die Sie selbst aber nicht mehr benutzen.

Übrigens: Diese Technik wird schon in der Bhagavad Gita beschrieben. Krishna sagt: »Wenn du überlegst, was ist dein Swadharma, deine Aufgabe, dann überlege, in welcher Situation bist du, Karma, dann, was ist deine Swarupa, deine Wesensnatur, deine Stärke, dein Temperament, und wo ist dein Swabhava, deine Herzensenergie, Freude und Liebe. Dann tue das, was zu tun ist, nutze deine Stärken, nutze deine Herzensenergie, bringe alles Gott dar und tue es, um Gutes zu tun.«

Fehler machen

Die Perfektionisten unter den Lesern wird es grausen bei diesem Minimax-Tipp, doch gerade für sie ist er wichtig. Denn die Angst vor Fehlern und das Gefühl, nicht gut genug zu sein, bringen uns durch die damit verbundene Anspannung auf besonders unangenehme Weise aus der Gelassenheit. Fehler gehören zum Leben, aus Fehlern lernt man, und Fehler machen uns menschlich und sympathisch. Wenn Sie Fehler als etwas Gutes anerkennen können, werden Sie viel gelassener und humorvoller durchs Leben gehen.

Üben Sie bewusst den Umgang mit Fehlern in eher unverfänglichen Situationen: Kochen Sie die Nudeln zu weich, lassen Sie das Essen anbrennen, ziehen Sie ein T-Shirt falsch herum an. Wenn das alles gar nicht so schlimm war, wagen Sie sich an unbekannte Aufgaben: Da kommen die Fehler von selbst. Sie werden merken, dass Ihr Leben leichter wird, wenn Sie lockerer mit Fehlern umgehen. Auch Ihre Mitmenschen werden davon profitieren, wenn Sie den Maßstab nicht mehr so hoch anlegen wie bisher.

Um Entschuldigung bitten

Wie gerade beschrieben, gehören Fehler zum Leben. Wenn Sie andere damit beeinträchtigt haben, ist eine Entschuldigung angebracht, und zwar eine einfache und ehrliche, ohne lange Erklärungen. Dabei halte ich wenig davon, sich selbst zu entschuldigen. Wenn Sie sagen: »Ich entschuldige mich«, dann befreien Sie sich selbst von Schuld. Das ist nicht korrekt. Sagen Sie: »Ich habe einen Fehler gemacht. Es tut mir leid. Ich bitte um Entschuldigung.« Sagen Sie nicht mehr, also nicht etwas wie: »Ich konnte das leider nicht machen. Es war alles zu viel. Meinen Kindern ging es schlecht ...« Zermartern Sie sich nicht den Kopf auf der Suche nach angeblich guten Gründen, denn darauf folgen nur Vorwürfe wie: »Wenn Sie so wenig Zeit haben, warum haben Sie nicht um Hilfe gebeten? Sie sind hier verantwortlich. Sie hätten das hinbekommen können.« Bitten Sie nur ehrlich um Entschuldigung und lassen Sie dann den anderen etwas sagen. Die meisten Menschen nehmen so eine Entschuldigung freundlich an, und damit kehrt Ihre innere Ruhe zurück.

Kritik annehmen

Mit Kritik umzugehen ist eine große Kunst und eine wichtige Grundlage für Gelassenheit im Alltag. Wenn Sie sich an die Grundlage des Bhakti und des Raja Yoga erinnern, dass jeder Mensch von Natur aus gut ist, fällt manches leichter. Menschen ist es ein Bedürfnis, anderen zu helfen, und damit Sie sich verbessern, damit Sie wachsen können, äußern Menschen Kritik an Ihnen. Sie tun das meist, um zu unterstützen, nicht, um anzugreifen. Wenn sie der Ansicht wären, Sie können sich nicht verbessern, würden sie ja nichts sagen. Nehmen Sie diese Art der Hilfe als solche an. Nehmen Sie also die Kritik an, rechtfertigen oder verteidigen Sie sich nicht. Egal ob die Kritik berechtigt ist, ob sie weiterhilft oder ob Sie sie schon hundertmal gehört haben, sagen Sie: »Danke, dass du mich darauf aufmerksam gemacht hast.« Drücken Sie vielleicht Bedauern aus: »Es tut mir leid, dass unser Produkt nicht Ihren Vorstellungen entsprochen hat.« Oder: »Es tut mir leid, dass das Hotel, das ich für uns ausgesucht habe, für dich nicht so romantisch ist, wie du es dir gewünscht hast.«

Manchmal ist bei berechtigter Kritik auch eine Entschuldigung fällig, oder Sie bitten um Details, wenn Sie nicht sicher sind.

Natürlich gibt es im Alltag – besonders im Beruf oder in Vereinen – auch Menschen, die nur um des Kritisierens willen Kritik üben oder um jemandem eins auszuwischen. Auch dann ist ein freundlicher Dank souverän und nimmt oft dem anderen den Wind aus den Segeln: »Danke für den Einwand. Ich möchte nun fortfahren.« Sie müssen nicht auf den Einwand eingehen. Je nach Situation passt auch: »Danke für den Hinweis. Ich wäre Ihnen dankbar, wenn Sie mir nach der Sitzung etwas mehr dazu sagen. Ich werde zunächst fortfahren mit dem Tagesordnungspunkt, bei dem wir gerade sind.« Kurz und prägnant – das reicht.

Lob und Entschuldigung annehmen

Sicher kennen Sie auch das komische Gefühl, wenn wir nicht wissen, wie wir mit einem Lob oder einer Entschuldigung umgehen sollen. Damit Sie so etwas nicht aus der Ruhe bringt, reagieren Sie auf beides freundlich und kurz.
Bei einem Lob sagen Sie einfach »Danke« oder »Danke, es freut mich, dass ich helfen konnte/dass es so gut geklappt hat.« Das reicht: keine Erklärungen, dass Sie das Lob nicht verdient haben oder wie schwierig die Aufgabe war oder wie Sie sie gelöst haben. Denn Menschen loben andere gern und genießen deren Freude, aber nicht mehr.
Bei einer Entschuldigung ist es wichtig, die emotionale Anstrengung, die sie den anderen kostet, ernst und wahrzunehmen. Sagen Sie deshalb nie, die Entschuldigung sei unnötig – auch wenn Sie es nur gut meinen. Dann fühlt sich der andere in seinen Gefühlen nicht ernst genommen und zurückgewiesen. Besser ist: »Danke für deine Entschuldigung. Ich nehme sie an.«

Auch bei einer berechtigten Entschuldigung nach einem größeren Fehler ist das die beste Reaktion, denn dann ist der andere meist besonders verletzlich. Jetzt noch detailliert auf seinen Fehler einzugehen oder Bemerkungen zu machen wie »Das darf nicht wieder vorkommen« oder »Das war aber das letzte Mal«, ist nicht sinnvoll. Wenn eine Analyse nötig ist, dann lieber mit zeitlichem Abstand. Dann haben sich die Emotionen gelegt, und die sachlichen Aspekte können im Vordergrund stehen.

🪷 Glossar 🪷

Affirmation: bekräftigende Aussage, die in der Psychologie genutzt wird, um positive Ziele wie Ruhe, Vertrauen oder Liebe zu verstärken

Ahamkara: das Ego (siehe Seite 71)

Ahimsa: Gewaltlosigkeit, wörtlich die Lehre des Nichtverletzens

Antahkarana: Psyche (siehe Seite 71)

Asana: Körperstellung im Yoga

Ashram: ein klosterähnliches Meditationszentrum (religiöse Herberge)

Atman: die unsterbliche Seele, das höhere Selbst

Ayurveda: traditionelle indische Medizin, indische Gesundheitslehre

Bahirkarana: Körper (siehe Seite 71)

Buddhi: Intellekt, Vernunft (siehe Seite 71)

Chakra: Energiezentrum im Körper. Im Yoga und in anderen Traditionen spricht man von sieben Hauptenergiezentren, die sich entlang der Wirbelsäule befinden und bis in die feinstoffliche Welt hineinreichen.

Chitta: das Unterbewusstsein (siehe Seite 72)

Dosha: Bioenergie bzw. Element im Ayurveda. Es gibt drei Doshas: Vata, Pitta, Kapha.

Kapha: (sprich Kaffa) das Wasserelement (siehe Seite 145)

Karma: das Gesetz von Ursache und Wirkung

Manas: bewusstes Denken und Fühlen (siehe Seite 72)

Mantra: wirkungsvolles Wort oder kurze Wortfolge, die mehrfach wiederholt wird (U Om)

Mudra: symbolische Geste der Hand oder der Finger

Om: kosmischer Urlaut, das heiligste aller Mantren, symbolisiert das Bewusstsein in seiner Ganzheit, die Göttlichkeit, wird seit Jahrtausenden verwendet zur Harmonisierung von Körper, Geist und Seele

Pitta: das Feuerelement (siehe Seite 135)

Prana: Lebensenergie

Pranayama: Atemübung

Reinkarnation: die Vorstellung, dass wir nicht nur ein, sondern viele Leben haben und unsere unsterbliche Seele nach dem Tod in einem neuen Körper auf die Welt kommt

Shankaracharya: bedeutender indischer Lehrer und Philosoph, lebte um 800 n. Chr.

Sonnengruß: zwölf Asanas, die ineinander übergehend dynamisch im Atemrhythmus geübt werden

Swami: Mönch, Nonne

Upanishaden: philosophische Schriftensammlung; letzter Teil der Veden, in denen der Jnana Yoga, der Yoga des Wissens, beschrieben wird

Vata: das Luftelement (siehe Seite 138)

Unsere Leseempfehlung

256 Seiten
Auch als E-Book
erhältlich

Die Bhagavadgita gilt als das grundlegende mystisch-spirituelle Werk der Inder. Entstanden vor Tausenden von Jahren, diskutiert und kommentiert die Gita grundlegende Seinsfragen wie Liebe, Freundschaft, Tod, Sinn und Ziel des Lebens und den Zyklus der Wiedergeburten. Jack Hawley ist es gelungen, das grandiose Poem in eine wunderschöne, für den modernen westlichen Leser adäquate Prosafassung zu übertragen.

www.goldmann-verlag.de
www.facebook.com/goldmannverlag

Unsere Leseempfehlung

352 Seiten
Auch als E-Book
erhältlich

In unserer von Zeitdruck, Hektik und permanenter Erreichbarkeit geprägten Zeit brauchen wir dringend Wege, effektiv zu entspannen und wieder zu uns selbst zu finden. Das Wunderwort heißt „Achtsamkeit": Kurz anhalten, ruhig atmen und von sich selbst Abstand nehmen. Achtsamkeit ist jedoch nicht nur eine Idee, es ist eine Art zu leben. Schritt für Schritt zeigen Mark Williams und Danny Penman, wie das im Alltag auch tatsächlich geht. Ihr Programm, dessen Wirksamkeit wissenschaftlich nachgewiesen ist, enthält Kurzmeditationen, Übungen zur Körperwahrnehmung und Anregungen, eingeschliffene Gewohnheiten zu durchbrechen.

www.goldmann-verlag.de
www.facebook.com/goldmannverlag

Um die ganze Welt des GOLDMANN
Body, Mind & Spirit Programms
kennenzulernen, besuchen Sie uns doch
im Internet unter:

www.goldmann-verlag.de

Dort können Sie
nach weiteren interessanten Büchern *stöbern*,
Näheres über unsere *Autoren* erfahren,
in *Leseproben* blättern, alle *Termine* zu Lesungen und
Events finden und den *Newsletter* mit interessanten
Neuigkeiten, Gewinnspielen etc. abonnieren.

Ein *Gesamtverzeichnis* aller Goldmann Bücher finden
Sie dort ebenfalls.

Sehen Sie sich auch unsere *Videos* auf YouTube an und
werden Sie ein *Facebook*-Fan des Goldmann Verlags!

www.goldmann-verlag.de
www.facebook.com/goldmannverlag